Brot backen im Römer Tontopf

Die leckersten und abwechslungsreichsten Brotrezepte für den Tontopf

Paul Sandmann

Email: info@edition-lunerion.de
www.edition-lunerion.de

Psiana eCom UG
Berumer Str. 44
26844 Jemgum

Vorwort

Sie backen gerne selbst, weil Sie dann wissen, was drinsteckt? Nur das Brot, das holen Sie noch vom Bäcker, weil Ihnen Brotbacken ziemlich kompliziert erscheint? Und vielleicht steht sogar irgendwo in den Küchenschränken noch ein alter Tontopf herum? Wunderbar! Dann kommt hier die perfekte Lösung: Brotbacken im Römer Tontopf! Das ist nicht nur gelingsicher und köstlich saftig, sondern auch noch überraschend vielfältig. Ob Abendbrot, würziger Snack oder süße Leckerei – die Kochgeheimwaffe der Römer macht's möglich!

Der Tontopf ist in der Küche ein echter Alleskönner: Durch seine Fähigkeit, in den Materialporen Wasser zu speichern und während des Kochvorgangs wieder abzugeben, macht er zahlreiche Gerichte besonders saftig und aromatisch und das funktioniert auch mit Brot hervorragend.

Das klingt nach einer aufwändigen Kunst? Nicht mit Ihrem Römer Tontopf! Wie Sie all diese Leckereien einfach und unkompliziert im heimischen Ofen zubereiten können, worauf es bei der Pflege Ihres Tontopfs ankommt und was für Köstlichkeiten Sie noch damit zaubern können, zeigt Ihnen dieses kreative und vielfältige Backbuch!

Guten Appetit!

INHALT

Klassische Brote 32

Spezielle Brote 53

Einleitung

Bereits seit mehr als 40.000 Jahren backen die Menschen Brot. So handelte es sich zwar damals um eine andere Art von Brot wie heute, aber letzten Endes war es Brot und nach wie vor ist es überall auf dieser Welt ein wichtiges Grundnahrungsmittel. Früher wurde Brot als Fladen auf einem heißen Stein gebacken und in so manchen Kulturen hat sich diese Vorgehensweise bis heute nicht geändert. Schon im Reich der Römer war man in der Lage, kiloweise am Tag herzustellen.

Heute übernimmt in vielen Fällen die Industrie die Herstellung unseres Brotes, was aber gar nicht sein muss, denn mit einem Römer Tontopf ist es ein Leichtes, selbst Brot zu backen. Keineswegs ist das Brot backen nämlich so kompliziert und aufwendig, wie viele denken. Ganz im Gegenteil, ob Abendbrot, würziger Snack oder süße Leckerei – die Kochgeheimwaffe der Römer macht's möglich!

WORUM HANDELT ES SICH BEI EINEM RÖMER TONTOPF GENAU?

Ein jeder Römer Tontopf besteht aus zwei gleichen Ton-Teilen. Es gibt ihn in verschiedenen Formen, von rechteckig bis oval, wobei das obere Element stets als Deckel verwendet wird. Bevor der Tontopf allerdings im Backofen zum Einsatz kommen kann, muss dieser immer vorab mindestens zehn Minuten gewässert werden. Schon die Römer haben erkannt, wie gut man in einem solchen Topf sein täglich Brot und andere Speisen zubereiten kann. Sie sind die ursprünglichen Erfinder des Dampfgarens.

So wurden schon damals sämtliche Töpfe aus Eisen gegen den Topf aus Ton getauscht, denn Letztgenannter nimmt Feuchtigkeit auf und gibt diese dann an die Speisen im Inneren des Topfes wieder ab. Brot, welches in einem solchen Tontopf gebacken wird, wird auf diese Weise besonders saftig. Zumal ein Römer Tontopf sich ebenso hervorragend als Brotkasten eignet. Wer hier sein Brot aufbewahrt, muss nicht befürchten, dass dieses austrocknet oder gar anfängt, zu schimmeln. Das Brot backen in einem Römer Tontopf braucht kaum oder gar kein Wasser. Wird der Topf vorab gewässert, holt sich dieser das Wasser eigenständig wieder aus seinen eigenen Poren. Wichtig ist beim Backen im Tontopf immer, dass dieser nicht in den heißen Backofen gestellt wird. Zudem darf dieser Topf, nachdem er im Ofen war, nicht einfach auf kalten Oberflächen abgestellt werden, sondern auf einem Holzbrett oder einer Matte aus Kork. Auf diese Weise werden die verwendeten Zutaten nicht verwässert, sondern behalten ihr Aroma.

Der Trick beim Backen in einem Römer Tontopf findet sich im Grunde in der Nutzung des Deckels, denn genau dieser macht hier den Unterschied aus. Dadurch, dass Ober- und Unterteil dieses Topfes vorab gewässert werden, entsteht ein geschlossenes System, welches eine Dunstzirkulation ermöglicht. Ohne Deckel hingegen verschwindet dieser vorteilhafte Effekt und der Topf ist mehr oder weniger nichts anderes als eine normale Brotbackform.

Kaufen Sie sich einen neuen Römer Tontopf, sollte dieser vor dem ersten Gebrauch gründlich mit Wasser gereinigt werden. Im Anschluss muss er dann mindestens eine Stunde ins Wasser gelegt werden, damit sich dieser einmal so richtig vollsaugen kann. Nachfolgende Wässerungen hingegen müssen nur noch mindestens zehn Minuten lang dauern.

Nach einer ungefähren Nutzung von hundert Mal muss der Topf erneut ausgiebig gesäubert werden, denn ansonsten ist er nicht mehr in der Lage, Wasser aufzunehmen. In diesem Fall sollte der Topf aus Ton mit einem Essig-Spülmittel-Mix mittels einer Bürste bearbeitet werden. Anschließend muss das Ganze im gemächlichen Tempo im Ofen einmal aufkochen, damit die Poren im Topf von Öl- und Speiseresten befreit werden. Ist der Tontopf wieder porentief rein, kann dieser sogar zum Aufwärmen von Gerichten genutzt werden, allerdings funktioniert dies nur mit Hilfe von Wasserdampf. Das heißt, vorab muss stets zumindest der Deckel des Topfes gewässert werden, wobei das Aufwärmen dann lediglich bei 100 Grad Celsius vorgenommen werden sollte.

DIE GESCHICHTE HINTER DEM RÖMER TONTOPF

Schon die Etrusker haben in Italien ihr Brot in selbsthergestellten Lehmkübeln zubereitet. So handelte es sich hier damals um simple Lehmmäntel, die einfach um den Teig gelegt wurden. Eine ähnliche Vorgehensweise gab es ebenso auf dem Balkan sowie in Afrika. Mit der Zeit wurden allerdings Lehm sowie Ton gegen Stahltöpfe ausgetauscht. Als der Zweite Weltkrieg endlich vorüber war, kamen das Wirtschaftswunder und damit die verbundenen fetten Jahre.

Im Krieg litten die Menschen unsagbaren Hunger und danach gönnten sich die Menschen ihren Wohlstand und dieser war auch auf den Tellern zu sehen. In den 60er Jahren änderte sich das Ganze dann wieder, denn allmählich begannen die Menschen, wieder an ihre Gesundheit zu denken. Fettes Essen wurde verschmäht und ganz allmählich erfolgte die

Wiedergeburt des Römer Tontopfs. Schließlich war und ist es in diesem Topf ganz leicht, fettarmes Essen zuzubereiten. Im Jahr 1967 kam es dann zur zweiten Geburtsstunde dieses besonderen Tontopfs und das sogar hier in Deutschland. Fast in jedem Haushalt fand man plötzlich mindestens einen solchen Topf. Laut Schätzungen sollen damals um die 30 Millionen Römer Tontöpfe verkauft worden sein.

WAS IST DAS BESONDERE AN DIESEM TOPF?

Wer im Römer Tontopf Brot backen möchte, benötigt gar kein bzw. nur ein Minimum an Wasser, denn das Wasser holt sich das gute Stück aus seinen eigenen Poren. Diese haben sich schließlich durch das **Wässern** vorab mit genügend Flüssigkeit vollgesogen. Wissenswert ist bei der Nutzung eines solchen Topfes außerdem, dass dieser **niemals** in einen **vorgeheizten Backofen** gestellt werden darf, da er sonst springen könnte. Beim Herausnehmen ist zudem zu beachten, dass der Tontopf stets auf einem **Holzbrett** oder auf einer **Korkmatte** abgestellt werden sollte und nicht auf kalten Flächen. Wer sein Brot im Römer Tontopf backt, muss zu keinem Zeitpunkt befürchten, dass das Brot **verwässert** wird. Es ist außerdem völlig ausgeschlossen, dass das Brot im Topf **anbrennt**, denn der Feuchtigkeitshaushalt hilft, dies zu vermeiden. Die Wärme zirkuliert hier Hand in Hand mit der Feuchtigkeit und geht nicht im Ofen verloren. Hinzu kommt, dass dieser schön **sauber** bleibt und der Topf **Gerüche** bewahrt.

Warum sollte Brot im Römer Tontopf stets mit Deckel gebacken werden?

Der Deckel ist im Grunde der Clou an diesem Topf, denn genau dieser macht den Unterschied aus. Dadurch, dass sowohl der Topf als auch der Deckel im Vorfeld gewässert wurden, kann eine sogenannte Dunstzirkulation entstehen, sodass es zu einem geschlossenen System kommt. Alles spielt sich direkt im Inneren des Topfes ab. Es kommt zu einem langsamen

Backen und Sie brauchen sich eigentlich um nichts mehr kümmern, denn der Tontopf erledigt alles ganz allein.

Wie lange wird ein Römer Tontopf gewässert?

Ist Ihr Römer Tontopf noch nagelneu und demnach unbenutzt, sollte dieser zuerst einmal gründlich ausgewaschen werden. Anschließend muss der Topf mindestens eine Stunde gewässert werden, sodass er sich so richtig mit Wasser vollsaugen kann. Bei einem jeden erneuten Gebrauch reicht es dann völlig, den Römer Tontopf zehn Minuten ins Wasser zu legen. Ist der Topf dann ungefähr hundert Mal zum Einsatz gekommen, sollte dieser einmal gründlich gesäubert werden, denn ansonsten ist er nicht mehr fähig, Wasser aufzunehmen, weil die Poren verstopft sind.

Lassen sich Speisen auch im Römer Tontopf aufwärmen?

Es ist durchaus möglich, diverse Gerichte im Römer Tontopf wieder aufzuwärmen, auch wenn es sich dabei um einen kleinen Staatsakt handelt, denn ein wenig Aufwand müssen Sie hier dann schon betreiben. Wer sein Essen vom Vortag erwärmen möchte, kann dies nur mit Hilfe von Wasserdampf in die Wege leiten. Das heißt, auch beim Aufwärmen muss der Tontopf vorab gewässert werden. Ein zehn Minuten langes Bad reicht aber auch in diesem Fall völlig aus. Im Anschluss kann der Römer Tontopf wieder in den kalten Backofen gestellt werden. Bei hundert Grad Celsius ist es dann möglich, die Speisen im Topf aufzuwärmen.

Wie reinigen Sie Ihren Römer Tontopf richtig?

Haben Sie Ihren Römer Tontopf ungefähr hundert Mal in Gebrauch gehabt, sollten Sie diesen, wie schon erwähnt, wieder ausgiebig reinigen. Das Wichtigste dabei ist, stets auf aggressive Reinigungsmittel zu verzichten, denn diese würden nur die poröse Struktur des Topfes angreifen. Eine gründliche Säuberung nur mit Wasser sowie einer weichen Bürste ist ratsam, wenn ein nagelneuer Römer Tontopf erstmalig zum Einsatz kommen soll. Wer hingegen Fettreste beseitigen möchte, kann in diesem Fall neben Wasser und Bürste auch ein mildes Spülmittel nutzen. Wird der Tontopf gerade nicht genutzt, sollte dieser an einem luftigen Ort aufbewahrt werden und nicht zwingend im stickigen Keller oder ähnlichen Räumlichkeiten. Anstatt jetzt den Deckel auf den Topf zu legen, ist es besser, den Topf umgedreht ohne Deckel an einem luftigen Plätzchen zu lagern.

Für die gründliche Reinigung eines Römer Tontopfs eignet sich zudem Essig weitaus besser als irgendein chemisches Mittel. Dafür spülen Sie einfach das Unterteil des Topfs mit kaltem Wasser und versehen das Ganze mit einem guten Schuss Essig. Anschließend den Tontopf einfach in den Backofen stellen und diesen langsam erhitzen, bis das Essigwasser anfängt, zu kochen. Eine halbe Stunde darf der Topf aus Ton ruhig im Ofen bleiben. Ist es notwendig, hartnäckige Verschmutzungen loszuwerden, darf diese Zeit auch ruhig verlängert werden. Anschließend sollten Sie den Topf nur noch mit einer weichen Bürste einmal ordentlich abbürsten und mit klarem Wasser abspülen. Auf diese Weise werden sämtliche Poren von Speise- und Ölresten befreit.

Die Reinigung mit Essigwasser ist enorm schonend und im Grunde die bestmögliche Vorgehensweise, um den Römer Tontopf wieder porentiefrein zu bekommen. Ist der Deckel ebenfalls stark verunreinigt, kann dieser einfach kopfüber in den Topf gelegt werden, sodass gleich beide Teile im Ofen gesäubert werden können. In diesem Fall sollten Sie aber in den umgedrehten Deckel auch noch einmal ein wenig Wasser hineingießen. Hier braucht es dann keinen Essig.

Ist der Römer Tontopf wieder sauber, muss dieser vor der Nutzung erneut ausgiebig gewässert werden. Das heißt, der Topf muss für ungefähr eine Viertelstunde in kaltes Wasser gestellt werden, sodass die Poren erneut die Möglichkeit haben, sich mit Wasser vollzusaugen. Kommt der Tontopf anschließend zum Einsatz, kann der Ton die Flüssigkeit abgeben und es kommt im Inneren wieder zu einem angenehmen und vorteilhaften Klima. Das Brot wird innen wiederum schön saftig und außen kross.

Nach wie vor gilt aber bei jedem Gebrauch des Römer Tontopfes, dass dieser unter keinen Umständen in den heißen Backofen gestellt werden sollte. Dies würde dazu führen, dass der Tontopf springt, da zwischen dem kalten Topf und dem heißen Backofen Spannung entsteht. Aus diesem

Grund platziert man den Tontopf stets in einem kalten Backofen, sodass beide gemeinsam langsam aufheizen können.

Wird der Römer Tontopf nach der Garzeit aus dem Ofen genommen, darf dieser auf keinen Fall auf kaltem Metall abgestellt werden, denn auch dies führt zu einer Spannung, sodass der Topf springen kann. Gleiches gilt zudem auch, wenn Wasser in den Tontopf zugegossen werden muss. In diesem Fall sollten Sie immer warmes Wasser verwenden, denn ansonsten nimmt das Material eventuell Schaden. Beachten Sie diese wenigen, aber wichtigen Punkte, werden Sie lange Zeit Freude an Ihrem Römer Tontopf haben und wahrscheinlich unzählige, leckere Brote sowie andere Speisen darin backen.

WAS SIE BENÖTIGEN, UM BROT IM RÖMER TONTOPF ZU BACKEN

Große Anschaffungen müssen Sie in diesem Fall nicht unternehmen, denn neben dem Römer Tontopf selbst braucht es eigentlich nur diverse Zutaten, um einen Brotteig herstellen zu können. Auch eine Teigknetmaschine ist hier nicht zwingend erforderlich, denn zwei gesunde Hände tun es auch. Kaum jemand wird mehr als zwei Brote am Tag backen, sodass Sie sich die Investition in eine Teigknetmaschine auch sparen können. Wer den Brotteig mit den Händen knetet, hält diesen auch gleich mit seiner Körperwarme warm. Eine leistungsstarke Maschine lohnt sich hingegen erst, wenn täglich um die zehn Brote hergestellt werden sollen. Ein Teigschaber dagegen kostet nicht viel, ebenso wenig wie eine Schüssel – beides benötigen Sie, wenn Sie in Zukunft Ihr Brot im Tontopf selbst herstellen wollen. Gleiches gilt außerdem für eine Küchenwaage sowie für diverse Behältnisse mit Deckel, in denen verschiedene Körner, Nüsse und Samen problemlos aufbewahrt werden können.

WARUM DER RÖMER TONTOPF IN KEINEM HAUSHALT FEHLEN SOLLTE

Auch der Römer Tontopf kann ohne weiteres als Alleskönner bezeichnet werden. Zumal Sie in Ihrem Römer Tontopf nicht nur Brot backen können, denn auch andere Speisen lassen sich hier fettfrei und schonend zubereiten. Durch das gemächliche Schmoren und Backen in diesem Topf müssen hier kaum Fett oder Wasser zum Gar-Gut gegeben werden, sodass der Zubereitung kalorienreduzierter Kost nichts im Wege steht. Durch die schonende Garung bleiben außerdem Vitamine sowie andere Nährstoffe stets erhalten, was natürlich auch dem Geschmack zugutekommt.

Des Weiteren ist die Handhabung völlig unkompliziert, denn in den meisten Fällen werden einfach sämtliche Zutaten in den Römer Tontopf gegeben und das Ganze kommt geschlossen in den Backofen. Jetzt heißt es nur noch abwarten, bis das Ganze gar ist. Bleibt der Topf einmal ein paar Minuten länger im Ofen, als beabsichtigt, bleiben die Speisen dennoch genießbar, denn aufgrund des guten Flüssigkeitshaushalts kann nichts anbrennen. Das Schöne bei dieser Zubereitungsart ist außerdem, dass der Backofen sauber bleibt und sich der Römer Tontopf hervorragend als Brotkasten umfunktionieren lässt. Der Tontopf ist in der Küche also ein echter Alleskönner!

Dieses Buch nimmt Sie nun mit auf eine Reise kreuz und quer durch die Welt der Brotspezialitäten und zeigt Ihnen die Vielfalt, die der Römer Tontopf hier bietet. Ob für den einfach Abendbrottisch, als Zwischenmahlzeit im Büro, ob Leckereien für kleine Schleckermäuler oder raffinierte Ergänzung zum Festmahl – in diesem Buch finden Sie neue Lieblingsrezepte für jeden Anlass!

Frühstücksbrote

MOHN-BROT

1 Brot | 190 Min. | Einfach

Zutaten

750 ml Wasser (mit Kohlensäure)
500 g Naturreismehl
1 Teelöffel Koriander (gemahlen)
250 g Mohn (gemahlen)
Einen halben Teelöffel Kakaopulver
Etwas Öl
100 g Buchweizenmehl
3 Teelöffel Salz
Eineinhalb Päckchen Backpulver
1 Teelöffel Zucker
Etwas Olivenöl

Nährwerte p. P.

335 kcal
49 g Kohlenhydrate
11 g Fett
6 g Eiweiß

1 In eine Schüssel sämtliche trockenen Zutaten geben und das Ganze miteinander vermengen. Anschließend das Öl sowie das Mineralwasser schluckweise zugießen und gut vermischen. Der eher flüssige Teig muss dann in eine Kastenform gefüllt werden.

2 Das Ganze dann aufgehen lassen. Nachdem sich der Brotteig verdoppelt hat, die Form in den vorgewässerten Topf stellen.

3 Im geschlossenen Zustand muss der Tontopf dann bei 150 Grad Celsius Ober-/Unterhitze für 110 Minuten in den Ofen. Danach den Topf aus dem Backofen nehmen, das Brot aus der Form lösen, rundum mit Olivenöl einstreichen und dann kopfüber zurück in den Topf legen.

4 Das Ganze muss dann erneut geschlossen im Ofen für 20 Minuten backen.

BANANEN-KÜRBIS-BROT

1 Brot

85 Min.

Mittel

Zutaten

230 g Banane (ohne Schale)
70 g Butter
115 g Mandeln (gemahlen)
330 g Kürbispüree
190 g Weizenmehl
2 Teelöffel Backpulver
125 ml Milch
90 g Ahornsirup
Einen halben Teelöffel Zimt
Einen halben Teelöffel Muskatnuss
40 g Leinsamen (geschrotet)
1 Prise Salz

Nährwerte p. P.

291 kcal
32 g Kohlenhydrate
14 g Fett
6 g Eiweiß

1 Mit Hilfe einer Gabel die Bananen zerquetschen. Danach die weiche Butter mit dem Kürbispüree, dem Ahornsirup sowie der Milch mischen. Jetzt die Leinsamen dazugeben, das Ganze mischen und ungefähr zehn Minuten quellen lassen.

2 Zwischenzeitlich schon einmal den Römer Tontopf wässern. Dann sämtliche trockenen Zutaten unter den Kürbispüree-Mix mischen. Auch die Banane nicht vergessen.

3 Das Ganze nun in ein Brot verwandeln und in den Topf legen. Den Deckel schließen und das Ganze für 50 bis 55 Minuten bei 180 Grad Celsius in den Backofen schieben.

ROSINEN-SÜSSKARTOFFEL-BROT

1 Brot

100 Min.

Mittel

Zutaten

3 Eier
120 g Butter (weich)
100 g Rosinen
350 g Weizenmehl
500 g Süßkartoffeln
2 Teelöffel Backpulver
100 g Zucker (braun)
1 Teelöffel Zimt
Einen halben Teelöffel Backpulver
Einen halben Teelöffel Muskatnuss

Nährwerte p. P.

340 kcal
49 g Kohlenhydrate
12 g Fett
7 g Eiweiß

1 Die Süßkartoffeln von ihrer Schale lösen, den Rest in Würfel verwandeln und diese im Salzwasser ungefähr eine Viertelstunde garen. Anschließend die Kartoffelwürfel in einem Küchensieb abtropfen lassen.

2 Jetzt das Weizenmehl mit dem Backpulver, dem Salz, dem Muskat sowie dem Zimt in eine Schüssel füllen. Anschließend die Süßkartoffel-Würfel mit der Butter, den Eiern und dem braunen Zucker in einer anderen Schüssel mit dem Mixer verrühren.

3 Danach die Rosinen sowie den Mehl-Mix unter das Ganze mischen, bis sich aus den ganzen Zutaten ein glatter Teig ergibt.

4 Aus diesem ein Brot formen und den Laib in den Römer Tontopf geben, welcher zuvor gewässert wurde. Zu guter Letzt den Topf verschließen und bei 180 Grad Celsius Ober-/Unterhitze 60 bis 75 Minuten backen.

KAFFEE-BROT

1 Brot

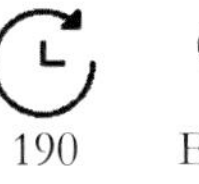
190 Min.

Einfach

Zutaten

250 ml Espresso
500 g Weizenmehl
3 Esslöffel Kaffeepulver (löslich)
100 ml Milch
2 Päckchen Hefe (trocken)
1 Esslöffel Zimt
1 Teelöffel Vanille
1 Prise Salz

Nährwerte p. P.

178 kcal
36 Kohlenhydrate
1 g Fett
5 g Eiweiß

1 Den Espresso frisch aufbrühen und dann zum Abkühlen zur Seite stellen. Danach diesen mit der Trockenhefe sowie der Milch mischen, bis sich die Hefe gelöst hat.

2 Im Anschluss das Weizenmehl durch ein Sieb geben. Zimt, Kaffeepulver, Salz sowie die Vanille zugeben und in der Mitte eine Mulde in den Mehl-Mix drücken. Hier die Espresso-Hefemischung hineingießen und alles in einen glatten Brotteig verarbeiten. Den Teig dann zudecken und zwei Stunden in Ruhe gehen lassen.

3 Nach der Ruhezeit den Teig erneut einmal durchkneten und in eine Kastenform legen. Diese in den Römer Tontopf stellen, den Deckel schließen und bei 200 Grad Celsius Ober-/Unterhitze im gewässerten Zustand für 40 bis 50 Minuten in den Backofen geben.

CORNFLAKES-APFEL-BROT

1 Brot

95 Min.

Mittel

Zutaten

2 Tassen Cornflakes
300 g Weizenmehl
5 Äpfel (klein gewürfelt)
1 Päckchen Backpulver
100 ml Wasser (warm)
Eine Handvoll Haferflocken
Einen halben Teelöffel Süßstoff
Eine Handvoll Rosinen
Einen halben Teelöffel Zimt

Nährwerte p. P.

207 kcal
41 g Kohlenhydrate
3 g Fett
4 g Eiweiß

1 Zuerst das Weizenmehl, die kleinen Apfelwürfel, das Backpulver, die Haferflocken, die Rosinen sowie die Cornflakes miteinander vermischen.

2 Anschließend langsam das Wasser zugießen, dabei alles verrühren und dann durchkneten. Danach noch den Süßstoff sowie das Zimt zugeben und erneut gut durchmassieren.

3 Aus dem Teig jetzt ein Brot kreieren und dieses in den Tontopf legen. Den Topf mit dem Deckel verschließen und in den Ofen geben. Bei 180 Grad Celsius muss dieses Frühstücksbrot jetzt 75 Minuten backen.

ZIMT-BROT

1 Brot | 110 Min. | Einfach

Zutaten

2 Esslöffel Honig
300 ml Buttermilch
1 Teelöffel Zimt
500 g Weizenmehl
2 Esslöffel Butter
1 Päckchen Backpulver
1 Teelöffel Salz

Nährwerte p. P.

199 kcal
38 g Kohlenhydrate
2 g Fett
6 g Eiweiß

1 Die frische Hefe mit ein wenig Buttermilch sowie dem Honig vermischen. Während das Ganze ein bisschen ruht, das Mehl in eine Schüssel füllen, das Backpulver dazugeben und mittig eine Kuhle gestalten. Hier den Hefe-Mix einfüllen. Dann noch das Salz und den Zimt darüber streuen und das Ganze verkneten.

2 Jetzt die Buttermilch etappenweise zugießen und einen glatten Teig zaubern. Diesen dann zugedeckt gehen lassen für etwa eine Dreiviertelstunde.

3 Im Anschluss aus dem Brotteig ein Brot gestalten, dieses mit Zimt bestreuen und in den gewässerten Tontopf legen. Zu guter Letzt noch den Deckel obenauf legen und das Ganze bei 200 Grad Celsius Ober-/Unterhitze gute 50 Minuten backen lassen.

HAFERFLOCKEN-QUARK-BROT

1 Brot

55 Min.

Einfach

Zutaten

500 g Magerquark
500 g Haferflocken
2 Päckchen Backpulver
3 Eier
20 g Salz

Nährwerte p. P.

239 kcal
32 g Kohlenhydrate
5 g Fett
14 g Eiweiß

1 Den Magerquark mit den Haferflocken, den Eiern, dem Salz sowie dem Backpulver mischen und das Ganze in einen Teig verwandeln.

2 Danach ein Brot aus dem Teig formen und den Laib in den Tontopf legen. Im Backofen bei 220 Grad Celsius Ober-/Unterhitze muss das Brot dann 40 bis 45 Minuten backen.

Snacks

ZWIEBEL-WHISKEY-BROT

 1 Brot

 60 Min.

 Einfach

Zutaten

200 ml Whiskey
500 g Weizenmehl
1 Teelöffel Honig
300 ml Wasser
(mit Kohlensäure)
100 g Röstzwiebeln
1 Päckchen Backpulver
Einen halben Teelöffel
Salz

Nährwerte p. P.

213 kcal
41 g Kohlenhydrate
2 g Fett
7 g Eiweiß

1 Das Weizenmehl mit dem Backpulver samt Salz vermengen. Dann die Röstzwiebeln unter den Mix heben und das Ganze mit dem Whiskey, dem Mineralwasser sowie dem Honig mischen.

2 Das Ganze so lange verkneten, bis der Teig nicht mehr klebt. Im Anschluss aus diesem ein Laib Brot kreieren und dieses in eine Kastenform füllen.

3 Die Kastenform in den römischen Tontopf geben, den Deckel auflegen und das Ganze bei 200 Grad Celsius Ober-/Unterhitze für 35 Minuten in den Ofen stellen. Danach den Ofen abstellen und das Brot noch weitere zehn Minuten im Backofen belassen.

SCHINKENSPECK-BROT

1 Brot 65 Min. Einfach

Zutaten

Ein halbes Bier (dunkel)
500 g Mehl
1 Teelöffel Salz
250 g Schinkenspeck
1 Päckchen Backpulver

Nährwerte p. P.

254 kcal
36 g Kohlenhydrate
7 g Fett
10 g Eiweiß

1 Den Schinkenspeck in Würfel zerteilen und diesen dann in einer Bratpfanne auslassen. Das Ganze zum Abkühlen beiseitestellen.

2 Währenddessen das Mehl sieben und mit dem Backpulver vermengen. Danach das Salz zugeben und anschließend das dunkle Bier zugießen. Jetzt noch die Schinkenspeckwürfel dazu und das Ganze kräftig durchkneten.

3 Im Anschluss den Teig in eine eingefettete Kastenform füllen und diese in den vorab gewässerten Tontopf stellen. Zu guter Letzt noch den Deckel auf den Topf geben und das Ganze dann für eine Dreiviertelstunde bei 200 Grad Celsius Ober-/Unterhitze in den Backofen stellen.

KNOBLAUCH-KRÄUTERBROT

1 Brot

120 Min.

Mittel

Zutaten

4 Knoblauchzehen
1 Teelöffel Hefe (trocken)
370 g Weizenmehl
60 ml Olivenöl
250 ml Wasser (warm)
2 Teelöffel Salz
2 Esslöffel Zucker
Etwas Petersilie (frisch)
Etwas Thymian (frisch)

Nährwerte p. P.

184 kcal
31 g Kohlenhydrate
4 g Fett
6 g Eiweiß

1 Die Trockenhefe mit dem warmen Wasser sowie zwei Esslöffel Mehl verrühren. Das Ganze dann eine Viertelstunde beiseitestellen.

2 Währenddessen das übrige Mehl sieben, das Salz darüber streuen und anschließend das Hefe-Wasser einrühren. Danach noch einen Esslöffel Olivenöl und den Zucker unterrühren und alles in einen geschmeidigen Brotteig verwandeln.

3 Gute zehn Minuten sollte der Teig bearbeitet werden. Dann muss dieser zugedeckt eine gute Stunde ruhen.

4 In der Zwischenzeit die Knoblauchzehen aus ihrer Schale lösen und zerhacken. Die Kräuter kurz abbrausen, trocknen und ebenfalls klein zerteilen. Sowohl die zerhackten Knoblauchzehen als auch die Kräuter sowie das übrige Olivenöl jetzt zum Teig geben und alles erneut durchkneten.

5 Zum Schluss aus dem Teig eine Rolle kreieren und diese im Kreis schließen. Den Brotteig-Ring jetzt in den zuvor gewässerten Tontopf geben und diesen bei 200 Grad Celsius Ober-/Unterhitze für ungefähr 35 Minuten in den Ofen schieben.

LAUGEN-BROT

1 Brot

160 Min.

Einfach

Zutaten

30 g Hefe (frisch)
650 g Weizenmehl
60 g Butter
350 ml Wasser
1 Teelöffel Salz
1 Esslöffel Zucker
Etwas Öl
Etwas Salz (grob)

Nährwerte p. P.

280 kcal
48 g Kohlenhydrate
6 g Fett
7 g Eiweiß

1 Die frische Hefe im warmen Wasser lösen und das Gemisch dann ein wenig stehen lassen. Währenddessen die Butter zum Schmelzen bringen. Dann das Weizenmehl durch ein Sieb geben und dieses mit dem Hefewasser samt dem Salz vermengen. Jetzt noch die flüssige Butter und den Zucker zugeben und alles erneut bearbeiten.

2 Den Teig mit einem Tuch zudecken und diesen 120 Minuten an einem warmen Platz stellen. In der Zwischenzeit ein Liter Wasser heiß werden lassen und hier das Natron hineingeben.

3 Nach der Ruhezeit den Teig erneut kneten und aus diesem ein Brot formen. Dieses dann 30 Sekunden rundum in die Natronlauge legen. Im Anschluss das Laugenbrot in Kreuzform einritzen und mit dem groben Salz einstreuen.

4 Jetzt kann das Brot in den zuvor gewässerten und mit Backpapier ausgelegten Tontopf gegeben werden. Den Topf mit dem Deckel schließen und das Ganze bei 200 Grad Celsius Ober-/Unterhitze 20 Minuten garen. Danach den Ofen auf 180 Grad Celsius herunterdrehen und das Laugen-Brot noch eine weitere Viertelstunde im Ofen belassen.

MOZZARELLA-KNOBLAUCHBROT

1 Brot

205 Min.

Mittel

Zutaten

1 Mozzarella-Kugel
1 Knoblauchzehe
500 g Hartweizenmehl
6 Esslöffel Olivenöl
1 Würfel Hefe (frisch)
300 ml Wasser (warm)
Eineinhalb Teelöffel Salz
1 Teelöffel Pfeffer
1 Esslöffel Meersalz (grob)
Eine Handvoll Basilikum (frisch)

Nährwerte p. P.

282 kcal
33 g Kohlenhydrate
11 g Fett
10 g Eiweiß

1 Zuerst das Hartweizenmehl durch ein Sieb in eine Schüssel geben und das Ganze mit dem feinen Salz versehen. Mittig dann eine Kuhle im Mehl kreieren und hier ein wenig von dem warmen Wasser hineingießen. Dann den Würfel Hefe hineinbröckeln. Jetzt das Ganze verkneten und schluckweise das übrige warme Wasser zugeben.

2 Danach etwas Mehl auf eine Arbeitsfläche verteilen und hier erneut den Teig zehn Minuten bearbeiten. Zeigt sich der Teig schön geschmeidig, diesen wieder in die Schüssel geben, zudecken und ungefähr zwei Stunden gehen lassen.

3 Im Anschluss den Teig wellenförmig in eine rechteckige Form bringen. Danach den Mozzarella in Würfel zerteilen und die Knoblauchzehe ohne Schale fein hacken. Die frischen Basilikumblätter ebenfalls fein zerhacken.

4 Nun den Brot ausrollen und die Mozzarella-Würfel samt Basilikum und Knoblauch darauf verteilen. Dann den Teig aufrollen, mit Olivenöl bepinseln und mit Pfeffer sowie Meersalz bestreuen.

5 Zum Schluss die Brotrolle in den Tontopf legen, diesen verschließen und das Ganze bei 200 Grad Celsius Ober-/Unterhitze für 60 Minuten in den Backofen geben.

KOKOSNUSS-BROT

1 Brot

190 Min.

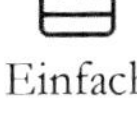

Einfach

Zutaten

180 g Dinkelmehl
200 g Dinkelvollkornmehl
370 ml Wasserkefir
170 g Kokosnussraspeln
50 g Kokosnussmehl
1 Päckchen Hefe (trocken)
1 Teelöffel Zucker
Eineinhalb Teelöffel Salz

Nährwerte p. P.

266 kcal
29 g Kohlenhydrate
12 g Fett
7 g Eiweiß

1 Das Dinkelvollkornmehl mit dem Kokosnussmehl und dem Dinkelmehl mischen. Danach die Trockenhefe samt Zucker und Salz über die Mehlmischung streuen. Jetzt den Wasserkefir portionsweise zugießen und das Ganze in einen geschmeidigen Teig verwandeln.

2 Im Anschluss das Ganze abgedeckt für zwei Stunden an einen warmen Platz stellen. Nach der Ruhezeit aus dem Teig ein Brot formen und dieses gleich in den zuvor gewässerten Tontopf legen.

3 Nachdem der Topf mit Deckel verschlossen wurde, muss dieser für 60 Minuten bei 200 Grad Celsius in den Backofen.

BUNTES PESTO-BROT

1 Brot

130 Min.

Mittel

Zutaten

2 Würfel Hefe (frisch)
800 g Weizenmehl
1 Knoblauchzehe
100 ml Olivenöl
3 Esslöffel Pesto (rot)
3 Esslöffel Pesto (grün)
500 ml Wasser (warm)
2 Teelöffel Honig
2 Esslöffel italienische Kräuter
4 Teelöffel Salz

Nährwerte p. P.

224 kcal
29 g Kohlenhydrate
9 g Fett
5 g Eiweiß

1 Die Hefe in einer Schüssel zerbröckeln. Hier den Honig zugeben und beide Zutaten mit ein bisschen warmem Wasser mischen. Dann in eine andere Schüssel das Weizenmehl sieben und das Salz zugeben. Mittig eine kleine Mulde ins Mehl drücken und hier den Hefe-Mix einfüllen. Schluckweise jetzt das Wasser zufügen und aus dem Ganzen einen Teig gestalten.

2 Den Teig zugedeckt eine Stunde stehen lassen. Zwischenzeitlich die Knoblauchzehe aus ihrer Schale befreien und diese fein zerhacken. Den Knoblauch mit dem Olivenöl und den Kräutern vermischen.

3 Jetzt den Brotteig erneut durchkneten und in zwei Portionen teilen. Jede Portion anschließend erneut halbieren. Das grüne Pesto nun in das erste Drittel einarbeiten und ins zweite Drittel das rote Pesto. Im Anschluss sämtliche Teile zu einem platten Viereck ausrollen.

4 Dann stets ein grünes Viereck mit einem Viereck ohne Pesto übereinander legen. Mit dem roten Viereck ebenso verfahren, sodass am Ende zwei viereckige Portionen entstehen.

5 Beide Brotvarianten dann in den gewässerten Tontopf legen und oben schräg einritzen. Hier die Knoblauch-Kräuter-Mischung hineingeben und das Ganze erneut eine halbe Stunde ruhen lassen.

6 Danach darf der geschlossene Tontopf bei 250 Grad Celsius Ober-/Unterhitze für 25 Minuten in den Backofen.

KÖRNER-KNÄCKEBROT

1 Brot

80 Min.

Einfach

Zutaten

50 g Leinsamen
120 g Haferflocken
120 g Dinkelmehl
100 g Sonnenblumenkerne
2 Esslöffel Olivenöl
50 g Sesam
500 ml Wasser (warm)
Einen halben Teelöffel Salz

Nährwerte p. P.

196 kcal
9 g Kohlenhydrate
8 g Fett
8 g Eiweiß

1 Die Leinsamen mit den Haferflocken, dem Dinkelmehl, den Sonnenblumenkernen, dem Salz sowie dem Sesam mischen. Dann schluckweise das warme Wasser zugießen und das Ganze in einen Teig verwandeln.

2 Danach den Teig auf ein Stück Backpapier streichen und dieses in den zuvor gewässerten Römer Tontopf legen. Geschlossen darf das Knäckebrot jetzt bei 170 Grad Celsius Ober-/Unterhitze für eine Stunde im Ofen backen.

EMMENTALER-KÄSEBROT

1 Brot 60 Min. Einfach

Zutaten

200 g Emmentaler (gerieben)
400 g Weizenmehl
1 Päckchen Backpulver
350 ml Milch

Nährwerte p. P.

233 kcal
31 g Kohlenhydrate
8 g Fett
10 g Eiweiß

1 Das Weizenmehl durch ein Sieb in eine Schüssel geben und mit dem Backpulver vermengen. Jetzt den geriebenen Emmentaler in den Mix geben und alles erneut mischen.

2 Anschließend schluckweise die kalte Milch zugießen und aus dem Ganzen einen Teig kreieren. Aus dem Teig dann ein Brot formen und dieses in den vorab gewässerten Tontopf legen.

3 Den Tontopf verschließen und das Brot bei 175 Grad Celsius Ober-/Unterhitze gute 20 Minuten backen lassen.

THUNFISCH-AUBERGINEN-BROT

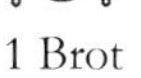

1 Brot | 120 Min. | Mittel

Zutaten

1 Aubergine
1 Dose Thunfisch (in Olivenöl)
100 ml Milch
250 g Weizenmehl
50 g Hartkäse (gerieben)
80 g Mandelmehl
5 Eier
1 Päckchen Backpulver
2 Esslöffel Kartoffelstärke
Etwas gemischte Kräuter
1 Prise Pfeffer
1 Prise Salz

Nährwerte p. P.

192 kcal
22 g Kohlenhydrate
6 g Fett
11 g Eiweiß

1 Die Aubergine von ihrer Schale lösen, in Stücke teilen und in Wasser garen. Danach die Auberginen-Stücke fein pürieren. Jetzt den Thunfisch in einer Schüssel zerdrücken und diesen mit dem Auberginenpüree vermischen.

2 Anschließend das Mandel- und Weizenmehl sowie das Backpulver über den Thunfisch-Mix sieben und alles zu einem Teig verkneten. Jetzt noch den geriebenen Hartkäse sowie die gemischten Kräuter samt Pfeffer und Salz zufügen.

3 Das Ganze im Anschluss in eine gefettete Kastenform füllen und diese in den zuvor gewässerten Römer Tontopf stellen.

4 Den Topf verschließen und das Brot bei 180 Grad Celsius Ober-/Unterhitze für 40 bis 50 Minuten backen lassen.

PIZZA-BROT

1 Brot

130 Min.

Mittel

Zutaten

500 g Quark
400 g Weizenmehl
10 g Hefe (trocken)
1 Zwiebel
8 Esslöffel Olivenöl
6 bis 8 Esslöffel Milch
1 Esslöffel Zucker
1 Paprika (rot)
200 g Kochschinken
125 g Mozzarella (gerieben)
2 Knoblauchzehen
150 g Hartkäse (gerieben)
300 g Zucchini
Etwas gemischte Kräuter
Pfeffer
Salz

Nährwerte p. P.

416 kcal
34 g Kohlenhydrate
21 g Fett
22 g Eiweiß

1 Die Trockenhefe mit dem Zucker mischen. Dann das Weizenmehl samt Salz über die Hefe-Mischung sieben und alles vermengen. Während des Knetens dann noch das warme Wasser sowie das Olivenöl und den Quark zugeben. Den Hefeteig anschließend eine Stunde zugedeckt ruhen lassen.

2 In der Zwischenzeit die Zwiebel sowie die Knoblauchzehe schalenlos fein zerhacken. Die Paprika sowie die Zucchini säubern und in Würfel verwandeln. Anschließend die Zwiebel- und Knoblauchwürfel in einer Pfanne mit ein bisschen Öl braten. Hier dann auch die Paprika- und Zucchini-Stücke hineingeben. Alles mit den gemischten Kräutern sowie mit Pfeffer und Salz verfeinern.

3 Nun den Hefeteig erneut durchkneten und diesen dann in ein 60 x 30 cm großes Rechteck verwandeln. Dieses mit dem Kochschinken belegen, darauf das Gemüse verteilen und mit Mozzarella sowie Hartkäse bestreuen. Den Rand des Brotes mit Wasser einpinseln und das Rechteck mit Vorsicht aufrollen. Die Ränder andrücken.

4 Das Pizza-Brot anschließend in den gewässerten Topf legen und diesen geschlossen bei 225 Grad Celsius 35 Minuten in den Backofen geben.

KRÄUTER-BROT

1 Brot 75 Min. Einfach

Zutaten

300 ml Wasser (warm)
14 g Hefe (frisch)
500 g Weizenvollkornmehl
1 Teelöffel Salz
1 Teelöffel Honig
1 Teelöffel Essig
2 Esslöffel Kräuter nach Wahl (frisch)

Nährwerte p. P.

165 kcal
31 Kohlenhydrate
1 g Fett
5 g Eiweiß

1 Das Weizenvollkornmehl mit den gemischten Kräutern nach Wahl sowie dem Salz vermengen. Dann die Hefe gemeinsam mit dem Honig ins warme Wasser geben und so lange verrühren, bis sich der Honig aufgelöst hat. Das Ganze zehn Minuten ruhen lassen.

2 Zeigt sich auf der Hefe-Mischung eine Schaumkrone, kann die Lösung mit dem Vollkornmehl sowie dem Essig gemischt zu einem Brotteig verarbeitet werden.

3 Anschließend muss das Ganze in einem warmen Raum zugedeckt eine halbe Stunde gehen. Nach dieser Zeit den Teig erneut einmal durchkneten und dann ein Brot daraus formen.

4 Das noch rohe Brot jetzt in den vorab gewässerten Tontopf legen und mit ein wenig Salzwasser bepinseln. Im Anschluss darf das Ganze bei Ober-/Unterhitze 200 Grad Celsius gute 20 Minuten backen.

ZWIEBEL-SPECK-BROT

1 Brot

90 Min.

Einfach

Zutaten

100 g Speck (gewürfelt)
400 g Weizenmehl
250 ml Wasser (warm)
Ein halbes Päckchen Hefe (trocken)
1 Zwiebel
Einen halben Teelöffel Majoran
1 Teelöffel Salz
Etwas Paprikapulver (edelsüß)
Etwas Pfeffer
Etwas Butterschmalz

Nährwerte p. P.

171 kcal
29 g Kohlenhydrate
3 g Fett
6 g Eiweiß

1 Die Zwiebel von ihrer Schale lösen und in kleine Würfel zerteilen. Dann die Zwiebelwürfel mit dem Speck in einer Bratpfanne mit etwas Butterschmalz rösten. Den Speck-Zwiebel-Mix anschließend zum Abkühlen beiseitestellen.

2 Jetzt aus dem Weizenmehl, dem warmen Wasser, der Hefe sowie sämtlichen Gewürzen einen geschmeidigen Brotteig produzieren. Im Anschluss den Speck-Zwiebel-Mix mit einarbeiten und das Ganze dann abgedeckt gute 60 Minuten ruhen lassen.

3 Nach der Ruhezeit den Teig erneut kurz kneten und daraus einen Laib Brot kreieren. Diesen dann in den vorgewässerten Römer Tontopf legen und 50 Minuten bei 200 Grad Celsius Ober-/Unterhitze garen.

BANANEN-GUINNESS-BROT

1 Brot | 195 Min. | Einfach

Zutaten

100 g Haferflocken
2 große Bananen (reif)
300 ml Guinness Bier
1 Esslöffel Honig
470 g Weizenmehl
20 g Hefe (frisch)
2 Teelöffel Salz
250 g Roggenmehl

Nährwerte p. P.

372 kcal
71 g Kohlenhydrate
4 g Fett
9 g Eiweiß

1 Das Guinness etwas erwärmen. Dann in dem Bier den Honig sowie die frische Hefe hineingeben, damit sich beides hier lösen kann.

2 Danach das Roggen- sowie das Weizenmehl vermischen. Dann die Haferflocken und schluckweise das Hefe-Guinness zugießen. Die Bananen pürieren und mit dem Salz ebenfalls zur Masse geben. Alles in einen Teig verwandeln.

3 Anschließend den Brotteig in eine geölte Schüssel legen, mit einem Tuch abdecken und in einen warmen Raum stellen. Hier muss der Teig jetzt eine Dreiviertelstunde gehen.

4 Im Anschluss den Brotteig erneut ordentlich durchkneten, in einen Laib verwandeln und in den gewässerten Tontopf geben. Hier muss das Ganze noch einmal eine Dreiviertelstunde ruhen.

5 Zu guter Letzt den geschlossenen Tontopf bei 200 Grad Celsius Ober-/Unterhitze in den Ofen schieben. Zwischen 35 und 45 Minuten muss dieser hier verbleiben.

Klassische Brote

DINKELVOLLKORN-BROT

1 Brot 75 Min. Einfach

Zutaten

1 Esslöffel Brotgewürz
500 g Dinkelvollkornmehl
1 Esslöffel Leinsamen
1 Esslöffel Nüsse nach Wahl
330 ml Wasser (warm)
1 Esslöffel Öl
1 Päckchen Backpulver

Nährwerte p. P.

198 kcal
32 Kohlenhydrate
4 g Fett
7 g Eiweiß

1 Das Brotgewürz mit dem Dinkelvollkornmehl, den Nüssen, den Leinsamen sowie dem Backpulver mischen. Jetzt portionsweise das warme Wasser zugießen und aus dem Ganzen einen glatten Brotteig kneten.

2 Bei Zimmertemperatur muss der Teig dann eine Stunde zugedeckt ruhen. Anschließend den Tontopf ins untere Drittel des Backofens platzieren und den Ofen auf 240 Grad Celsius Ober-/Unterhitze stellen.

3 Ist die Temperatur erreicht, vorsichtig den Deckel von dem Tontopf nehmen und das Brot hier hineinlegen. Anschließend den Topf wieder schließen und das Dinkelvollkornbrot für 40 Minuten backen lassen. Nach den 40 Minuten den Deckel vom Tontopf nehmen und das Brot weitere zehn Minuten im Ofen belassen.

WEIZENVOLLKORN-BROT

 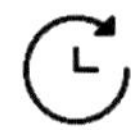 

1 Brot 75 Min. Einfach

Zutaten

14 g Hefe (frisch)
500 g Weizenvollkornmehl
1 Teelöffel Salz
300 ml Wasser (warm)
1 Esslöffel Essig
1 Teelöffel Honig

Nährwerte p. P.

165 kcal
31 g Kohlenhydrate
1 g Fett
5 g Eiweiß

1 Das Weizenvollkornmehl mit dem Salz vermengen. Dann ein Teil des warmen Wassers mit der frischen Hefe mischen und so lange beiseitestellen, bis sich eine Schaumkrone bildet.

2 Anschließend aus dem Weizenvollkornmehl, dem Essig sowie der Hefelösung einen Teig herstellen. Den Brotteig dann abgedeckt eine halbe Stunde unter einem Küchentuch gehen lassen.

3 Nach der halben Stunde den Teig noch einmal kneten und diesen dann in einen Laib Brot verwandeln. Jetzt den Teig noch mit ein wenig Salzwasser bepinseln und dann in den gewässerten Tontopf geben.

4 Im Anschluss den Topf samt Inhalt bei 240 Grad Celsius rund 20 Minuten backen. Danach den Deckel herunternehmen und die Temperatur um 40 Grad Celsius senken, um das Ganze dann noch einmal 20 Minuten garen zu lassen.

KARTOFFEL-BROT

1 Brot | 75 Min. | Einfach

Zutaten

90 g Roggenmehl
340 g Dinkelmehl (Type 630)
120 g Dinkelmehl (Type 1050)
300 g Kartoffelpüree
20 g Hefe (frisch)
230 ml Wasser (warm)
2 Teelöffel Salz
1 Teelöffel Zucker

Nährwerte p. P.

212 kcal
42 g Kohlenhydrate
1 g Fett
7 g Eiweiß

1 Die frische Hefe zusammen mit dem Zucker ins warme Wasser geben, damit das Ganze sich auflösen kann. Im Anschluss das Roggenmehl, die beiden Dinkelmehlsorten sowie den Kartoffelpüree und das Salz zufügen und alles in einen Brotteig verwandeln.

2 Diesen dann zugedeckt bei Zimmertemperatur gut eineinhalb Stunden stehen lassen. Danach den Teig noch einmal sorgfältig durchkneten, ein Laib Brot formen und diesen in den zuvor gewässerten Römer Tontopf legen.

3 Den Tontopf mit dem Deckel schließen und bei 240 Grad Celsius Ober-/Unterhitze zwischen 50 und 60 Minuten in den Backofen geben.

PASTINAKEN-BROT

1 Brot | 220 Min. | Einfach

Zutaten

500 g Vollkorndinkelmehl
2 Esslöffel Thymian (frisch)
500 g Pastinaken
1 Päckchen Hefe (trocken)
125 ml Buttermilch (warm)
2 Teelöffel Salz

Nährwerte p. P.

223 kcal
41 g Kohlenhydrate
2 g Fett
8 g Eiweiß

1 Die Pastinaken gründlich säubern und in kleine Stücke teilen. Diese dann 20 Minuten im Salzwasser garen. Anschließend das Ganze abtropfen lassen.

2 Danach das Vollkorndinkelmehl in eine Schüssel füllen, das Salz darüber Verteilen und die Trockenhefe über alles streuen. Jetzt noch den Thymian vom Stiel nehmen, fein zerhacken und zum Mehl-Mix geben.

3 Die lauwarme Buttermilch dann schluckweise zum Gemisch geben und aus den Zutaten einen Teig herstellen. Auch die Pastinaken jetzt in den Brotteig einarbeiten. Danach die Schüssel abdecken und zwei Stunden in einen warmen Raum stellen.

4 Nach den zwei Stunden den Brotteig noch einmal kneten, in eine Kastenform füllen und erneut eine halbe Stunde ruhen lassen.

5 Zu guter Letzt die Form in den Tontopf stellen, verschließen und das Pastinaken-Brot bei 190 Grad-Celsius 50 Minuten backen.

KÜRBISKERN-BROT

1 Brot 150 Min. Einfach

Zutaten

600 g Weizenvollkornmehl
200 g Weizenmehl
100 g Kürbiskerne
50 ml Kürbiskernöl
2 g Koriander
1 Würfel Hefe
6 g Zucker (braun)
350 ml Wasser (warm)
18 g Salz

Nährwerte p. P.

373 kcal
51 g Kohlenhydrate
12 g Fett
12 g Eiweiß

1 Den Würfel Hefe mit Zucker in das warme Wasser bröseln. Das Ganze verrühren, bis sich beide Zutaten aufgelöst haben. Anschließend das Ganze zehn Minuten beiseitestellen.

2 Den Koriander etwas zerstoßen und diesen dann mit den beiden Mehlsorten sowie mit Salz vermengen. Anschließend den Hefe-Mix sowie das Kürbiskernöl zum Mehl-Gemisch geben und das Ganze zu einem Teig verarbeiten.

3 Eine Kugel daraus formen und diese in eine Schüssel legen. Zugedeckt muss der Teig jetzt zwischen 30 und 45 Minuten ruhen. Im Anschluss den Brotteig noch einmal kneten und dabei die Kürbiskerne zugeben.

4 Danach das Kürbiskern-Brot in den gewässerten Tontopf geben und diesen bei 200 Grad Celsius Ober-/Unterhitze für eineinhalb Stunden in den Backofen stellen.

BUTTERMILCH-BROT

1 Brot

95 Min.

Einfach

Zutaten

500 ml Buttermilch
1 kg Weizenmehl
2 Esslöffel Quark
1 Esslöffel Honig
2 Päckchen Hefe (trocken)
1 Ei
3 Teelöffel Salz
2 Esslöffel Milch

Nährwerte p. P.

46 kcal
4 g Kohlenhydrate
2 g Fett
4 g Eiweiß

1 Die Vollmilch mit der Buttermilch leicht erwärmen. Hier dann das Ei, das Salz, den Honig, den Quark sowie die Trockenhefe einrühren. Danach das Ganze zum Mehl geben und daraus einen Teig zaubern.

2 Jetzt den zuvor gewässerten Tontopf noch mit Backpapier versehen und hier das Brot hineinlegen. Bei 180 Grad Celsius muss das Buttermilch-Brot jetzt eine Stunde in den Backofen. Nach dieser Zeit den Deckel des Topfes abnehmen und das Ganze weitere 20 Minuten backen.

OLIVEN-BROT

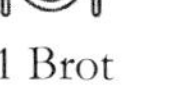

1 Brot | 100 Min. | Einfach

Zutaten

1 Würfel Hefe (frisch)
400 g Weizenmehl
2 Esslöffel Olivenöl
20 schwarze Oliven (entsteint)
1 Teelöffel Zucker
1 Teelöffel Salz
1 Teelöffel getrockneten Thymian (gemahlen)
250 ml Wasser (warm)

Nährwerte p. P.

167 kcal
29 g Kohlenhydrate
3 g Fett
5 g Eiweiß

1 Die schwarzen Oliven fein zerhacken. Dann das Salz mit dem gemahlenen Thymian mischen und diesen Mix mit den zerhackten Oliven sowie dem Weizenmehl vermengen. Anschließend die frische Hefe ins warme Wasser bröseln und den Zucker einrühren.

2 Nach gut zehn Minuten die Hefelösung samt Olivenöl schluckweise in das Weizenmehl-Gemisch gießen und das Ganze in einen Teig verwandeln.

3 Diesen dann zugedeckt in einer Schüssel eine Stunde an einem warmen Platz ruhen lassen. Danach den Brotteig erneut durchkneten, in den gewässerten Tontopf legen und noch einmal eine halbe Stunde bei Zimmertemperatur gehen lassen.

4 Zu guter Letzt den Römer Tontopf geschlossen bei 200 Grad Celsius Ober-/Unterhitze in den Ofen stellen. Um die 40 Minuten sollte das Brot zugedeckt backen. Im Anschluss die Temperatur auf 180 Grad Celsius senken und das Ganze zehn Minuten ohne Deckel braunen.

BUCHWEIZEN-DINKELBROT

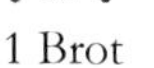

1 Brot | 100 Min. | Einfach

Zutaten

600 g Dinkelvollkornmehl
200 g Buchweizen (geschrotet)
4 Esslöffel Balsamico-Essig
1 Würfel Hefe (frisch)
1 Teelöffel Koriander (gemahlen)
750 ml Wasser (warm)

Nährwerte p. P.

285 kcal
53 g Kohlenhydrate
2 g Fett
10 g Eiweiß

1 Ins warme Wasser die frische Hefe hineinbröseln und den Mix erst einmal zur Seite stellen. Während die Hefe sich auflöst, das Dinkelvollkornmehl mit dem geschroteten Buchweizen sowie dem gemahlenen Koriander mischen.

2 Schluckweise dann die Hefelösung sowie den Balsamico-Essig zugießen und aus dem Ganzen einen glatten Brotteig zaubern. Jetzt aus dem Teig ein Brot gestalten und dieses in den Tontopf geben. Den Deckel schließen und den Topf samt Brot eine halbe Stunde ins warme Wasser stellen.

3 Während der Tontopf gewässert wird, kann der Teig aufgehen. Danach muss das Ganze nur noch bei 220 Grad Celsius Ober-/Unterhitze auf der untersten Schiene 60 Minuten gebacken werden.

GEMISCHTES DINKEL-ROGGENBROT

1 Brot | 215 Min. | Mittel

Zutaten

350 g Roggenmehl
300 g Dinkelmehl
360 ml Wasser (warm)
1 Esslöffel Honig
20 ml Sonnenblumenöl
100 g Sauerteig (fertig)
15 g Hefe (frisch)
2 Teelöffel Salz
1 Teelöffel Backmalz
1 Teelöffel Brotgewürzmischung

Nährwerte p. P.

256 kcal
46 g Kohlenhydrate
3 g Fett
6 g Eiweiß

1 Den Honig sowie die frische Hefe in dem lauwarmen Wasser auflösen. Während das Ganze vor sich hin blubbert, das Dinkel- und das Roggenmehl mit dem Salz, dem Brotgewürz, dem Backschmalz sowie dem Sonnenblumenöl mischen. Anschließend die Hefelösung zugießen und das Gemisch in einen Teig verwandeln.

2 Die Schüssel mit dem Brotteig dann zudecken oder verschließen und für eineinhalb Stunden an einem warmen Ort platzieren. Danach den Teig in zwei gleiche Teile trennen. Jedes dieser Teile dann ungefähr zehn Mal falten und beide Stücke nebeneinander in den gewässerten Tontopf geben.

3 Den Brotteig oben ein wenig einritzen und mit Mehl bestreuen. Jetzt den Topf schließen und diesen auf die unterste Schiene in den Backofen stellen. Bei 240 Grad Celsius Ober-/Unterhitze darf das Brot jetzt genau eine Stunde backen.

4 Nach dieser Zeit den Deckel vom Topf nehmen und das Brot gute zehn Minuten bräunen lassen.

EINFACHES WEISSBROT

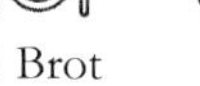

1 Brot | 155 Min. | Einfach

Zutaten

150 g Dinkelmehl
150 g Weizenmehl
Ein Viertel Würfel Hefe (frisch)
180 ml Wasser (warm)
1 Esslöffel Olivenöl
2 Teelöffel Salz
1 Prise Zucker

Nährwerte p. P.

116 kcal
21 g Kohlenhydrate
2 g Fett
3 g Eiweiß

1 Die frische Hefe sowie den Zucker in warmem Wasser auflösen. Danach das Weizen- und Dinkelmehl, das Salz sowie das Olivenöl zugeben und das Ganze in einen schönen Brotteig verwandeln.

2 Die Schüssel jetzt bedecken und den Teig eine Stunde an einen warmen Ort stellen. Anschließend den Teig erneut durchmassieren und diesen dann in den Römer Tontopf legen. Den Deckel schließen und das Brot noch einmal 30 Minuten ruhen lassen.

3 Zu guter Letzt das Brot zuerst bei 220 Grad Celsius Umluft eine Viertelstunde backen. Nach dieser Zeit die Temperatur auf 200 Grad Celsius herunterdrehen und das Ganze noch weitere 20 Minuten im Backofen belassen.

SIMPLES MISCHBROT

1 Brot

70 Min.

Einfach

Zutaten

250 g Roggenmehl
375 g Weizenmehl
20 g Salz
1 Esslöffel Brotgewürz
Einen halben Würfel Hefe (frisch)
450 ml Wasser (warm)

Nährwerte p. P.

216 kcal
44 g Kohlenhydrate
1 g Fett
6 g Eiweiß

1 Die frische Hefe in einer Schüssel zerkleinern und das Roggenmehl, das Weizenmehl, das Salz und das Brotgewürz zugeben. Danach langsam das warme Wasser zugießen und aus den Zutaten einen Teig herstellen.

2 Diesen dann zugedeckt eine gute halbe Stunde gehen lassen. Anschließend den Teig noch einmal gut durchmassieren und formen. Den Laib mit Wasser bestreichen und in den gewässerten Topf legen. Diesen mit dem Deckel verschließen.

3 Bei 250 Grad Celsius muss das Brot dann eine gute Stunde backen.

GRIEBEN-BROT

1 Brot

120 Min.

Einfach

Zutaten

500 g Weizenmehl
20 g Hefe (frisch)
300 ml Wasser (warm)
200 g Grieben
4 Teelöffel Salz

Nährwerte p. P.

350 kcal
35 g Kohlenhydrate
21 g Fett
5 g Eiweiß

1 Das Mehl durch ein Sieb in die Schüssel geben. Dann die frische Hefe darüber zerbröseln und das Ganze mit dem Salz bestreuen. Jetzt langsam das warme Wasser zugeben und aus dem Ganzen einen geschmeidigen Teig zaubern.

2 Den Teig anschließend zugedeckt eine Stunde ruhen lassen. Im Anschluss den Brotteig in eine Pizzaform drücken und diesen mit zwei Teelöffel Salz und den Grieben bestreuen. Dann den Teig zusammenlegen und diesen erneut eine Viertelstunde ruhen lassen.

3 Danach aus dem Teig ein Brot kreieren und dieses in den vorab gewässerten Tontopf legen. 40 Minuten darf dieser im geschlossenen Zustand jetzt bei 220 Grad Celsius Ober-/Unterhitze in den Backofen.

KLEIE-BROT

1 Brot | 120 Min. | Einfach

Zutaten

150 g Frischkäse
240 g Haferkleie
65 g Weizenkleie
150 g Magerquark
4 Esslöffel Wasser (warm)
4 Eier
1 Teelöffel Salz

Nährwerte p. P.

238 kcal
22 g Kohlenhydrate
11 g Fett
14 g Eiweiß

1 Die frische Hefe in einer Schüssel zerkleinern und etwas warmes Wasser zugießen. Das Ganze glatt vermischen und anschließend eine halbe Stunde stehen lassen.

2 Währenddessen die Eier mit dem Frischkäse, dem Salz sowie dem Magerquark mischen. Danach die Hafer- sowie die Weizenkleie zugeben und vermengen. Zu guter Letzt dann schluckweise die Hefelösung einarbeiten.

3 Den Teig im Anschluss eine halbe Stunde zugedeckt ruhen lassen. Nach der Ruhezeit ein Brot aus dem Teig kreieren und dieses in den Römer Tontopf legen. Das Ganze mit dem Deckel schließen und bei 180 Grad Celsius Ober-/Unterhitze eine Dreiviertelstunde backen lassen.

SESAM-BROT

1 Brot | 125 Min. | Einfach

Zutaten

1 Päckchen Hefe (trocken)
500 g Weizenmehl
4 Esslöffel Olivenöl
250 ml Wasser (warm)
1 Teelöffel Zucker
3 Esslöffel Sesam
Etwas Sesam zum Bestreuen

Nährwerte p. P.

226 kcal
37 g Kohlenhydrate
6 g Fett
6 g Eiweiß

1 Den Sesam zuerst in einer fettfreien Pfanne kurz anrösten. Dann das Weizenmehl in eine Schüssel füllen und darüber das Salz sowie die Trockenhefe streuen. Dann das Olivenöl zugießen und auch den Zucker nicht vergessen. Das Ganze dann gute zehn Minuten ordentlich durchkneten.

2 Kurz bevor der Teig eine Stunde an einem warmen Ort gehen darf, arbeiten Sie noch den gerösteten Sesam in diesen ein.

3 Nach der Pause aus dem Teig ein Brot kreieren und dieses in den gewässerten Tontopf geben. Jetzt noch die Oberseite kurz anfeuchten, etwas Sesam auf dem Brot verteilen und den Deckel schließen.

4 Bei 200 Grad Celsius Ober-/Unterhitze darf das Brot nun eine Dreiviertelstunde garen.

LINSENMEHL-BROT

1 Brot

45 Min.

Einfach

Zutaten

100 g Butter
300 g Linsenmehl (rot)
Einen halben Teelöffel Salz
5 Eier
1 Päckchen Backpulver

Nährwerte p. P.

186 kcal
11 g Kohlenhydrate
12 g Fett
9 g Eiweiß

1 Das Linsenmehl mit den Eiern verrühren. Anschließend über das Gemisch das Salz sowie das Backpulver verteilen. Danach die Butter in einem Topf heiß werden lassen und das Ganze dann wieder ein wenig abkühlen lassen.

2 Im Anschluss die geschmolzene Butter langsam zum Mehl-Mix geben und aus den Zutaten einen Brotteig herstellen. Zeigt sich das Ganze ein wenig zu flüssig, noch ein bisschen Mehl zugeben.

3 Jetzt den Teig in eine gefettete Kastenform geben, diese in den zuvor gewässerten Römer Tontopf stellen und den Deckel schließen. Den Topf dann eine halbe Stunde bei 180 Grad Celsius Ober-/Unterhitze in den Ofen geben.

HAFERFLOCKEN-BROT

1 Brot

45 Min.

Einfach

Zutaten

100 g Haferflocken (kernig)
Ein halbes Päckchen Hefe (trocken)
1 Esslöffel Honig
10 g Salz
370 g Weizenmehl
30 g Roggenmehl
250 ml kochendes Wasser
Haferflocken zum Bestreuen
125 bis 150 ml Wasser

Nährwerte p. P.

175 kcal
35 g Kohlenhydrate
1 g Fett
6 g Eiweiß

1 Die kernigen Haferflocken mit dem Salz bestreuen und mit dem kochend heißen Wasser übergießen. Das Ganze so lange stehen lassen, bis die Flocken aufgequollen sind.

2 Jetzt den Honig mit dem Weizenmehl, der Trockenhefe sowie dem Roggenmehl mischen. Den Haferflocken-Mix zugeben. Schluckweise Wasser zugeben, sodass am Ende ein mittelfester Brotteig entsteht.

3 Aus dem Haferflockenteig ein Brot formen und dieses in Haferflocken wälzen. Dann das Ganze zugedeckt bei Zimmertemperatur ein bis zwei Stunden ruhen lassen.

4 Danach das Brot in den zuvor gewässerten Tontopf geben und diesen bei 200 Grad Celsius Ober-/Unterhitze eine Dreiviertelstunde in den Backofen stellen.

VOLLKORN-MISCHBROT

1 Brot 45 Min. Einfach

Zutaten

150 g Sonnenblumenkerne
300 g Dinkelvollkornmehl
200 g Weizenvollkornmehl
1 Würfel Hefe (frisch)
2 Teelöffel Meersalz
5 Esslöffel Balsamico-Essig
1 Esslöffel Brotgewürzmischung
500 ml Wasser (warm)

Nährwerte p. P.

261 kcal
39 g Kohlenhydrate
5 g Fett
12 g Eiweiß

1 In das warme Wasser den Würfel Hefe hineinbröckeln und das Ganze gut verrühren. Danach 300 g Dinkelvollkornmehl zufügen und den Mix vermengen.

2 Anschließend folgen das Weizenvollkornmehl, die Brotgewürzmischung, das Salz und der Balsamico-Essig. Das Ganze so lange durchkneten, bis sich alles in einen glatten Teig verwandelt hat. Zu guter Letzt noch die Sonnenblumenkerne in den Brotteig mischen.

3 Danach das Brot in den Tontopf legen und diesen bei 180 Grad Celsius Ober-/Unterhitze in den Ofen schieben. Nach 40 bis 50 Minuten ist das Brot dann fertig.

MEHRKORN-BROT

1 Brot

90 Min.

Einfach

Zutaten

400 g Dinkelvollkornmehl
400 g Weizenmehl
30 g Sesam
1 Esslöffel Fenchelsamen
75 g Leinsamen
25 g Hirse
30 g Sonnenblumenkerne
1 Würfel Hefe (frisch)
3 Esslöffel Rohrzucker
Einen halben Teelöffel Korianderpulver
700 ml Wasser (warm)
2 Teelöffel Salz

Nährwerte p. P.

156 kcal
5 g Kohlenhydrate
1 g Fett
1 g Eiweiß

1 Den Sesam mit den Fenchelsamen, den Leinsamen sowie den Sonnenblumenkernen mischen. Anschließend das Weizensowie das Dinkelvollkornmehl mit der Hirse separat in einer weiteren Schüssel vermengen. Das Salz auch zu diesem Mix geben.

2 Danach den Rohrzucker mit der Hefe in warmem Wasser auflösen. Im Anschluss bis auf zwei Esslöffel der Samenmischung alles zum Mehl-Mix geben. Das Ganze einmal mischen und dann schluckweise das Zucker-Hefewasser zugießen und aus dem Gemisch einen Teig herstellen.

3 Das Ganze gut durchkneten und in einen Laib Brot verwandeln, die Oberseite mit ein bisschen Wasser bestreichen und die übrigen Kerne darauf verteilen. Den Laib im Anschluss in den vorgewässerten Römer Tontopf geben und diesen mit dem Deckel schließen.

4 Zu guter Letzt muss das Ganze nur noch bei 200 Grad Celsius Ober-/Unterhitze in den Backofen. Nach einer Stunde ist das Mehrkorn-Brot fertig.

EINKORN-BROT

1 Brot | 110 Min. | Einfach

Zutaten

80 g Sonnenblumenkerne
400 g Einkorn-Vollkornmehl
250 ml Wasser
100 g Roggenmehl
20 g Hefe (frisch)
20 g Honig
200 ml Sauermilch
14 g Salz

Nährwerte p. P.

248 kcal
34 g Kohlenhydrate
7 g Fett
9 g Eiweiß

1 Die Sonnenblumenkerne im Vorfeld für 20 Minuten ins Wasser legen. Dann die Hefe im Honig zerkleinern und mit dem warmen Wasser verrühren. Den Hefe-Mix anschließend zehn Minuten ziehen lassen.

2 Währenddessen das Roggen- und das Einkorn-Vollkornmehl in eine Schüssel geben und über dem Mehl-Mix das Salz verteilen. Mittig ins Mehl eine Mulde drücken und hier den Hefe-Mix hineingießen. Das Ganze jetzt ausgiebig durchkneten und anschließend für eine halbe Stunde zugedeckt in einem warmen Zimmer gehen lassen.

3 Nach der halben Stunde den Teig noch einmal ausgiebig kneten, in Form bringen und in den Tontopf geben. Diesen mit dem Deckel verschließen und dann bei 200 Grad Celsius eine Dreiviertelstunde im Backofen garen.

SCHWARZBROT

1 Brot

230 Min.

Mittel

Zutaten

125 g Rübenkraut
250 g Weizenmehl
125 g Weizenschrot
50 g Leinsamen
50 g Sonnenblumenkerne
50 g Sesam
Eineinhalb Würfel Hefe (frisch)
500 ml Buttermilch
10 g Salz

Nährwerte p. P.

201 kcal
27 g Kohlenhydrate
6 g Fett
9 g Eiweiß

1 Einen Teil der Buttermilch erwärmen, um hier die frische Hefe zerbröselt hineinzugeben. Einmal gut umrühren, damit sich diese auflösen kann.

2 Danach das Weizenmehl mit dem Weizenschrot, den Leinsamen, dem Sesam sowie dem Salz vermengen. Jetzt noch das Rübenkraut und die übrige Buttermilch zugeben und alles zu einem Teig verarbeiten. Im Anschluss die Hefelösung zugeben und das Ganze erneut durchmassieren.

3 Nachdem der Teig in ein Brot geformt wurde, muss dieses bedeckt an einem warmen Ort etwa zwei Stunden ruhen.

4 Nach der Ruhezeit das Schwarzbrot in den Tontopf legen und bei 180 Grad Celsius ca. zwei Stunden backen.

Spezielle Brote

DINKEL-JOGHURT-BROT

1 Brot | 145 Min. | Einfach

Zutaten

700 g Dinkelmehl
120 g Roggenmehl
1 Päckchen Hefe (trocken)
1 Teelöffel Zucker
2 Teelöffel Salz
160 g Naturjoghurt
350 ml Wasser (warm)

Nährwerte p. P.

279 kcal
57 g Kohlenhydrate
1 g Fett
9 g Eiweiß

1 Zuerst einmal den Zucker sowie die Trockenhefe in warmem Wasser auflösen. Danach das Roggen- sowie das Dinkelmehl vermengen, mit Salz bestreuen und den Naturjoghurt zugeben. Jetzt noch das Hefewasser dazu gießen und alles in einen geschmeidigen Brotteig verwandeln.

2 Den Teig anschließend zugedeckt für eine Stunde zur Seite stellen, damit dieser aufgehen kann. Nach der Ruhezeit den Teig noch einmal ausgiebig kneten und daraus ein Laib Brot kreieren.

3 Dieses im Anschluss in den Römer Tontopf geben, verschließen und für eine Stunde bei 200 Grad Celsius in den Ofen schieben.

KRUSTEN-BROT MIT CHIASAMEN

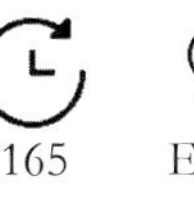

1 Brot | 165 Min. | Einfach

Zutaten

150 Roggenmehl
350 g Dinkelmehl
1 Esslöffel Chiasamen
1 Esslöffel Sonnenblumenkerne
2 Esslöffel Leinsamenschrot
1 Teelöffel Salz
Eineinhalb Teelöffel Roggen-Sauerteigpulver
8 g Hefe (frisch)
380 ml Wasser (warm)

Nährwerte p. P.

208 kcal
36 g Kohlenhydrate
4 g Fett
7 g Eiweiß

1 Die Frischhefe ins warme Wasser bröckeln und das Ganze umrühren, damit sich die Hefe auflöst. Jetzt das Roggen- sowie das Dinkelmehl mit dem Leinsamenschrot, den Chiasamen, den Sonnenblumenkernen sowie dem Roggen-Sauerteigpulver mischen.

2 Hier dann das Hefewasser zugießen und alles zu einem Brotteig verkneten. Anschließend eine Kugel formen, in eine Schüssel legen, zudecken und den Teig eineinhalb Stunden ruhen lassen.

3 Nachdem der Brotteig aufgegangen ist, diesen in den zuvor gewässerten Tontopf geben, mit dem Deckel verschließen und im vorgeheizten Ofen bei 230 Grad Celsius Ober-/Unterhitze eine Stunde backen lassen.

BIER-BROT

1 Brot

70 Min.

Einfach

Zutaten

300 ml Bier (hell)
500 g Weizenmehl
100 g Butter
1 Päckchen Backpulver
2 Esslöffel Honig
20 g Salz

Nährwerte p. P.

265 kcal
40 g Kohlenhydrate
9 g Fett
5 g Eiweiß

1 Das Weizenmehl mit dem Honig, dem Bier, dem Backpulver und mit Salz vermengen und daraus einen glatten Brotteig zaubern. Das Ganze zu einem Laib Brot formen und in den vorgewässerten Topf geben.

2 Jetzt die Butter in einem Topf heiß werden lassen und diese über das Brot gießen. Das Ganze mit ein wenig Salz versehen.

3 Zu guter Letzt den Deckel des Römer Tontopfes verschließen, diesen bei 200 Grad Celsius Ober-/Unterhitze in den Ofen schieben und genau eine Stunde im Backofen belassen.

SODA-BROT

 1 Brot

 55 Min.

 Einfach

Zutaten

200 ml Milch
300 g Weizenmehl
75 g Haferflocken
25 g Butter
1 Teelöffel Natron
10 g Salz
1 Teelöffel Backpulver

Nährwerte p. P.

161 kcal
27 g Kohlenhydrate
4 g Fett
5 g Eiweiß

1 Sämtliche Zutaten, abgesehen von der Butter sowie der Milch, in eine Schüssel geben und vermengen. Es folgen die Butter und die Milch. Aus dem Ganzen einen geschmeidigen Teig zaubern.

2 Nachdem der Teig ordentlich durchgeknetet wurde, formen Sie daraus ein Brot und legen den Laib in den Tontopf. Jetzt noch den Topf mit dem Deckel verschießen und das Ganze in den Ofen schieben.

3 Bei glatten 200 Grad Celsius Ober-/Unterhitze muss das Soda-Brot jetzt circa 45 Minuten backen.

BUCHWEIZEN-BROT

1 Brot

70 Min.

Einfach

Zutaten

50 g Kartoffelmehl
700 g Buchweizenmehl
1 Teelöffel Backpulver
20 g Salz
70 ml Sonnenblumenöl
600 ml Wasser (warm)

Nährwerte p. P.

323 kcal
59 g Kohlenhydrate
8 g Fett
4 g Eiweiß

1 Das Kartoffelmehl mit dem Buchweizenmehl, dem Sonnenblumenöl, dem warmen Wasser, dem Backpulver sowie dem Salz mischen. Das Ganze so lange bearbeiten, bis ein glatter Teig entstanden ist.

2 Den Teig formen und anschließend in den Tontopf legen, der zuvor gewässert wurde. Jetzt das Brot mit Wasser bestreichen und den Topf schließen.

3 Das Buchweizen-Brot muss jetzt bei 200 Grad Celsius Ober-/Unterhitze genau 60 Minuten backen.

JOGHURT-MÖHREN-BROT

1 Brot

60 Min.

Einfach

Zutaten

500 g Dinkelmehl
200 g Karotten
350 g Naturjoghurt
1 Ei
100 g Sonnenblumenkerne
1 Esslöffel Hirse
1 Päckchen Backpulver
20 g Salz

Nährwerte p. P.

267 kcal
39 g Kohlenhydrate
10 g Fett
7 g Eiweiß

1 Das Dinkelmehl samt Hirse mit dem Backpulver, den Sonnenblumenkernen sowie dem Salz vermengen. Dann die Karotten von ihren Schalen befreien und diese in Raspeln verwandeln. Danach den Naturjoghurt mit dem Ei mischen und diesen Mix gemeinsam mit den Möhrenraspeln unter das Mehl-Gemisch geben.

2 Alles gut miteinander vermengen und durchkneten, bis aus den Zutaten ein ordentlicher Teig entstanden ist. Danach dem Brotteig eine entsprechende Form verleihen und in den Römer Tontopf legen.

3 Nachdem der Topf verschlossen wurde, muss dieser bei 200 Grad Celsius Ober-/Unterhitze in den Ofen und darf hier eine Dreiviertelstunde verweilen.

MAIS-BROT

1 Brot

60 Min.

Einfach

Zutaten

200 g Maismehl
100 ml griechischer Joghurt
200 g Weizenmehl
20 g Salz
1 Päckchen Backpulver
100 ml Milch
3 Esslöffel Olivenöl
200 g Crème fraîche

Nährwerte p. P.

253 kcal
29 g Kohlenhydrate
13 g Fett
5 g Eiweiß

1 Die Crème fraîche, die Milch, das Olivenöl, das Backpulver, den griechischen Joghurt, das Salz sowie das Maismehl mischen und alles in einen glatten Brotteig verwandeln.

2 Bevor der Teig seine Form erhält, das Ganze erneut durchkneten und dann in den vorgewässerten Tontopf legen. Danach den Topf schließen und diesen bei 180 Grad Celsius in den Ofen schieben. Nach 40 bis 50 Minuten ist das Mais-Brot fertig.

VOLLKORN-TOASTBROT

1 Brot 120 Min. Einfach

Zutaten

50 ml Wasser (warm)
500 g Dinkelvollkornmehl
280 ml Milch (warm)
1 Esslöffel Zucker
Einen halben Würfel Hefe (frisch)
20 g Salz
50 g Butter (weich)

Nährwerte p. P.

234 kcal
34 g Kohlenhydrate
7 g Fett
7 g Eiweiß

1 Die frische Hefe ins warme Wasser bröseln und verrühren, damit diese sich auflöst. Danach den Zucker zugeben sowie einen Esslöffel Dinkelvollkornmehl einrühren. Den Hefe-Mix dann circa 20 Minuten an einem warmen Ort aufbewahren.

2 Nach dieser Zeit das übrige Dinkelvollkornmehl mit der Butter, dem Salz sowie der Milch zugeben und das Ganze in einen Teig verwandeln. Diesen dann zudecken und ebenfalls gehen lassen. Eine gute Stunde darf es da schon sein.

3 Im Anschluss den Brotteig erneut einmal ausgiebig durchkneten, in Form bringen und in den Tontopf legen. Das Ganze mit dem Deckel schließen und dann eine gute halbe Stunde bei 200 Grad Celsius in den Ofen geben.

KÜRBIS-BROT

1 Brot

120 Min.

Mittel

Zutaten

500 g Weizenmehl
1 Esslöffel Margarine
300 g Kürbisfleisch
20 g Salz
125 ml Milch
125 ml Wasser (warm)
2 Esslöffel Zucker
1 Päckchen Hefe (trocken)

Nährwerte p. P.

218 kcal
43 g Kohlenhydrate
2 g Fett
6 g Eiweiß

1 Den Kürbis aus der Schale lösen, die Kerne entfernen und das Fruchtfleisch in kochendem Wasser garen. Danach das Kürbisfleisch mit einem Pürierstab bearbeiten und die Margarine sowie die Milch zugeben.

2 Anschließend in das Kürbispüree das Weizenmehl, das Salz, die Trockenhefe sowie den Zucker geben und aus dem Gemisch einen Teig zaubern. Danach den Teig mit einem Küchentuch bedecken und 60 Minuten gehen lassen.

3 Zu guter Letzt das Kürbis-Brot in Form bringen, in den vorgewässerten Römer Tontopf legen und diesen in den Backofen geben. Bei 180 Grad Celsius Ober-/Unterhitze muss das Brot jetzt eine Dreiviertelstunde backen.

MALZBIER-BROT

1 Brot 50 Min. Einfach

Zutaten

330 ml Malzbier
1 Prise Zucker
400 g Weizenmehl
1 Prise Salz
1 Päckchen Backpulver

Nährwerte p. P.

175 kcal
35 g Kohlenhydrate
1 g Fett
4 g Eiweiß

1 Das Weizenmehl mit dem Backpulver, der Prise Salz sowie mit Zucker mischen. Dann langsam das Malzbier zugießen und alles in einen Teig verwandeln.

2 Aus diesem jetzt nur noch ein Laib Brot kreieren, das gute Stück in den vorgewässerten römischen Tontopf legen und das Ganze mit dem Deckel schließen.

3 Für 40 Minuten muss der Topf jetzt bei 200 Grad Celsius in den Backofen.

EXPRESS-BROT

 1 Brot

 65 Min.

 Einfach

Zutaten

500 g Dinkelvollkornmehl
2 Teelöffel Salz
450 ml Wasser (warm)
50 g Sesam
50 g Sonnenblumenkerne
2 Esslöffel Obstessig
50 g Leinsamen
1 Würfel Hefe (frisch)

Nährwerte p. P.

252 kcal
34 g Kohlenhydrate
7 g Fett
14 g Eiweiß

1 Den Würfel Hefe ins warme Wasser bröseln und gut verrühren. Danach das Dinkelvollkornmehl, das Sesam, die Sonnenblumenkerne, den Leinsamen, den Obstessig sowie das Salz zufügen. Aus den ganzen Zutaten eine glatten Teig kneten und daraus einen Laib formen.

2 Im Anschluss das Brot in den Römer Tontopf geben und im geschlossenen Zustand bei 200 Grad Celsius Ober-/Unterhitze eine Stunde in den Backofen schieben.

BRENNNESSEL-BROT

 1 Brot

 80 Min.

 Einfach

Zutaten

50 g Brennnessel (frisch)
150 g Dinkelmehl
150 g Weizenmehl
1 Teelöffel Butter
1 Teelöffel Honig
1 Zwiebel
150 ml Wasser (warm)
20 g Hefe (frisch)
1 Teelöffel Salz

Nährwerte p. P.

114 kcal
22 g Kohlenhydrate
1 g Fett
4 g Eiweiß

1 Die Butter in einem Topf schmelzen. Dann beide Mehlsorten in eine Schüssel geben und den Mix mit Salz versehen. Im Anschluss die frische Hefe mit dem Honig sowie ein bisschen von dem warmen Wasser mischen.

2 Während die Hefe sich im Wasser löst, die Zwiebel von der Schale befreien und klein zerteilen. Danach die Brennnesseln säubern und 50 g von den Spitzen dieser klein zerhacken.

3 Jetzt noch etwas Öl in einer Pfanne heiß werden lassen und hier die Zwiebelstücke mit den Brennnesseln andünsten. Anschließend die Butter in den Mehl-Mix geben und schluckweise die Hefelösung zufügen. Aus den Zutaten einen geschmeidigen Brotteig kreieren.

4 Jetzt noch das Zwiebel-Brennnessel-Gemisch unter den Teig kneten und das Ganze dann eine halbe Stunde zugedeckt beiseitestellen.

5 Zum Schluss aus dem Teig ein Brot gestalten. Dieses in den Topf legen, mit dem Deckel verschließen und 35 Minuten bei 240 Grad Celsius backen.

ROSMARIN-TOMATEN-BROT

1 Brot 45 Min. Einfach

Zutaten

350 ml Buttermilch
225 g Weizenmehl
225 g Dinkelmehl
50 g Parmesan (gerieben)
20 g Salz
1 Teelöffel Zucker
1 Teelöffel Natron
50 g Tomaten (getrocknet)
Einige Rosmarinzweige

Nährwerte p. P.

188 kcal
34 g Kohlenhydrate
2 g Fett
8 g Eiweiß

1 Das Dinkel- sowie das Weizenmehl mit der Buttermilch, dem Zucker und dem Salz verrühren. Dann den Thymian vom Zweig nehmen, diesen mit dem Natron, dem Parmesankäse sowie den zuvor zerhackten Tomaten vermischen und die Masse unter den Teig kneten.

2 Im Anschluss ein Laib formen und diesen in den zuvor gewässerten Römer Tontopf geben. Die Oberseite des Brotes ein wenig mit dem Messer einritzen und das Ganze mit dem Deckel schließen.

3 Das Rosmarin-Tomaten-Brot dann bei 200 Grad Celsius für eine halbe Stunde in den Backofen geben.

DINKEL-JOGHURT-BROT MIT KÖRNERN

1 Brot

60 Min.

Einfach

Zutaten

300 g Naturjoghurt
500 g Dinkelmehl
2 Esslöffel Sonnenblumenkerne
3 Esslöffel Leinsamen
500 ml Milch
2 Esslöffel Speisekleie
20 g Salz
1 Päckchen Backpulver

Nährwerte p. P.

253 kcal
40 g Kohlenhydrate
6 g Fett
9 g Eiweiß

1 Das Dinkelmehl mit dem Salz, dem Backpulver, den Sonnenblumenkernen, den Leinsamen und der Speisekleie mischen. Dann den Naturjoghurt sowie die Milch zugeben und aus den Zutaten einen Teig zaubern.

2 Danach muss der Teig nur noch geformt werden und kann dann in den Tontopf gegeben werden. Die erste Viertelstunde sollte das Brot bei 250 Grad Celsius Ober-/Unterhitze gebacken werden. Anschließend die Temperatur auf 200 Grad Celsius herunterdrehen und das Ganze weitere 35 Minuten rösten.

KICHERERBSEN-BROT

1 Brot 90 Min. Einfach

Zutaten

375 ml Wasser (warm)
100 g Mandelmehl
240 g Kichererbsen-Mehl
40 g Leinsamen
50 g Leinamenmehl
40 g Sonnenblumenkerne
40 g Sesam
4 Esslöffel Olivenöl
1 Päckchen Hefe (trocken)
4 Eier
1 Teelöffel Salz
1 Rosmarinzweig

Nährwerte p. P.

301 kcal
16 g Kohlenhydrate
17 g Fett
17 g Eiweiß

1 Den Rosmarin vom Stiel nehmen und fein zerhacken. Dann die Trockenhefe mit dem warmen Wasser verrühren. Danach das Kichererbsen-Mehl mit dem Mandelmehl mischen. Hier auch gleich sämtliche Samen bzw. Kerne zugeben.

2 Über den Mehl-Samen-Mix dann noch das Salz streuen. Jetzt folgen die Eier und das Olivenöl. Das Ganze dann mit der Hefelösung mischen und in einen Teig verwandeln. Zu guter Letzt noch den Rosmarin unterkneten.

3 Aus dem Teig ein Brot gestalten und dieses dann in einem warmen Zimmer zugedeckt eine halbe Stunde gehen lassen.

4 Danach das Brot in den vorgewässerten Römer Tontopf geben, verschließen und eine Dreiviertelstunde bei 190 Grad Celsius Ober-/Unterhitze backen.

WEIZENMISCHBROT Á LA ITALIA

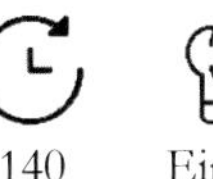

1 Brot | 140 Min. | Einfach

Zutaten

50 g Hartweizengrieß
400 g Weizenmehl
200 g Vollkornweizenmehl
21 g Hefe (frisch)
6 Esslöffel Olivenöl
12 g Salz
1 Teelöffel Zucker
400 ml Wasser (warm)

Nährwerte p. P.

294 kcal
44 g Kohlenhydrate
9 g Fett
7 g Eiweiß

1 Die frische Hefe in eine Schüssel zerbröseln. Diese dann mit einem Teelöffel Zucker bestreuen und mit dem warmen Wasser verrühren. Jetzt noch circa ein Drittel des Weizenmehls unter die Hefelösung mischen. Anschließend das Ganze mit einem Tuch bedecken und eine Stunde ruhen lassen.

2 Währenddessen das übrige Weizenmehl mit dem Hartweizengrieß sowie dem Vollkornweizenmehl vermengen. Diesen Mix dann unter das Hefe-Gemisch rühren. Im Anschluss noch das Olivenöl zugeben und das Ganze in einen geschmeidigen Teig verwandeln.

3 Danach einen Laib aus dem Teig formen und diesen bei Zimmertemperatur eine Stunde gehen lassen.

4 Zu guter Letzt das Brot in den Tontopf geben, diesen verschließen und bei 190 Grad Celsius Ober-/Unterhitze eine Stunde in den Ofen schieben.

RÖSTZWIEBEL-BROT

1 Brot

30 Min.

Einfach

Zutaten

80 g Röstzwiebeln
3 Eier
500 g Vollkornmehl
250 ml Bier
2 Päckchen Backpulver
20 g Salz

Nährwerte p. P.

223 kcal
42 g Kohlenhydrate
2 g Fett
8 g Eiweiß

1 Die Röstzwiebeln mit den Eiern, dem Vollkornmehl, dem Backpulver, dem Bier sowie dem Salz vermischen, bis sich eine glatter Teig ergibt.

2 Aus dem Teig ein Brot formen und dieses anschließend in den vorab gewässerten Römer Tontopf geben. Den Deckel schließen und den Topf bei 200 Grad Celsius 20 bis 25 Minuten lang in den Backofen stellen.

PETERSILIE-KÄSE-BROT

1 Brot 60 Min. Einfach

Zutaten

100 g Bergkäse (gerieben)
1 Esslöffel Honig
350 g Weizenmehl
15 g Salz
250 ml Buttermilch
1 Päckchen Backpulver
Etwas Petersilie (gehackt)

Nährwerte p. P.

166 kcal
26 g Kohlenhydrate
4 g Fett
7 g Eiweiß

1 Sämtliche Zutaten bis auf den Bergkäse sowie die Petersilie in eine Schüssel geben und ordentlich durchmischen. Anschließend den Käse und die Petersilie zugeben und alles in einen geschmeidigen Teig verwandeln.

2 Aus dem Brotteig jetzt einen Laib formen und diesen in den gewässerten Tontopf geben. Das Ganze verschließen und bei 180 Grad Celsius Ober-/Unterhitze zwischen 40 und 45 Minuten backen.

PAPRIKA-DINKELBROT

1 Brot

70 Min.

Einfach

Zutaten

200 g Paprika (rot)
400 g Dinkelmehl
275 ml Wasser
1 Esslöffel Honig
1 Esslöffel Olivenöl
1 Päckchen Backpulver
20 g Salz
Etwas Paprikapulver

Nährwerte p. P.

163 kcal
31 g Kohlenhydrate
2 g Fett
4 g Eiweiß

1 Die Paprika säubern, von den Kernen und vom Stiel befreien und den Rest in Würfel zerteilen. Dann das Dinkelmehl mit Honig, Salz, Paprikapulver, Olivenöl sowie Wasser mischen und die Paprikawürfel unterkneten.

2 Aus dem Teig ein Brot kreieren und dieses im Anschluss in den Römer Tontopf legen. Zu guter Letzt den Topf verschließen und diesen dann für eine Stunde bei 200 Grad Celsius in den Ofen schieben.

TOMATEN-BROT

1 Brot 50 Min. Einfach

Zutaten

500 g Tomatenmark
500 g Weizenmehl
2 Esslöffel Olivenöl
1 Päckchen Natron
20 Salz
Etwas Basilikum

Nährwerte p. P.

235 kcal
45 g Kohlenhydrate
5 g Fett
5 g Eiweiß

1 Das Tomatenmark mit dem Weizenmehl, dem Olivenöl, dem Natron, dem Salz sowie dem Basilikum mischen. Das Ganze ausgiebig durchkneten und dann aus dem Teig ein Brot formen.

2 Dieses im Anschluss in den vorgewässerten Topf geben und dann mit dem Deckel verschließen. Bei 220 Grad Celsius muss das Ganze dann für 40 bis 45 Minuten im Ofen backen.

MAGERQUARK-WEISSBROT

1 Brot

60 Min.

Einfach

Zutaten

250 g Magerquark
20 g Salz
500 g Weizenmehl
200 ml Milch
50 g Butter
1 Teelöffel Zucker
2 Päckchen Backpulver

Nährwerte p. P.

228 kcal
37 g Kohlenhydrate
5 g Fett
8 g Eiweiß

1 Das Weizenmehl samt Backpulver und Magerquark mit dem Salz, der Milch, der Butter sowie dem Zucker vermischen und daraus einen glatten Teig kreieren.

2 Das Ganze ordentlich durchkneten und anschließend ein Laib Brot formen. Dieses dann in den Römer Tontopf geben und bei 190 Grad Celsius Ober-/Unterhitze eine Dreiviertelstunde backen.

PROTEIN-CHIASAMEN-BROT

1 Brot

110 Min.

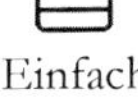
Einfach

Zutaten

500 g Magerquark
2 Esslöffel Chiasamen
250 g Haferkleie
5 Eier
40 g Weizenkleie
1 Päckchen Backpulver
3 Prisen Salz

Nährwerte p. P.

188 kcal
18 g Kohlenhydrate
6 g Fett
15 g Eiweiß

1 Abgesehen von einem Esslöffel Chiasamen sämtliche Zutaten miteinander mischen. Dann den Eiweißteig formen und diesen in den vorab gewässerten Tontopf legen.

2 Jetzt noch die übrigen Chiasamen oben auf das Brot geben und leicht andrücken. Mit dem Deckel den Topf schließen und diesen in den Backofen stellen. Auf der mittleren Schiene darf das Brot jetzt 40 Minuten bei 180 Grad Celsius Ober-/Unterhitze backen.

KRÄUTER-GRIESS-BROT

1 Brot

210 Min.

Einfach

Zutaten

195 g Grieß (fein)
230 g Weizenmehl
240 ml Wasser (warm)
2 Teelöffel Hefe (trocken)
1 Esslöffel Olivenöl
2 Teelöffel Kräuter nach Wahl
1 Teelöffel Salz

Nährwerte p. P.

173 kcal
31 g Kohlenhydrate
3 g Fett
5 g Eiweiß

1 Das Weizenmehl mit dem feinen Grieß sowie dem Salz verrühren. Dann die Hefe in etwas warmem Wasser lösen und das Gemisch ein paar Minuten ziehen lassen.

2 Die Hefelösung anschließend mit dem übrigen Wasser zum Mehl-Grieß-Gemisch geben und das Ganze ausgiebig vermengen. Danach den Teig bedecken und diesen in einem warmen Raum ein bis zwei Stunden stehen lassen.

3 Nach der Ruhezeit den Teig noch einmal durchkneten, ein Brot formen und in den vorgewässerten Römer Tontopf ein Esslöffel Olivenöl geben.

4 Das Brot jetzt in den Topf legen, mit einem weiteren Löffel Öl bestreichen und die Kräuter darüber streuen. Danach den Deckel schließen, den Topf in den Ofen stellen und diesen bei 190 Grad Celsius Ober-/Unterhitze 30 bis 40 Minuten hier belassen.

REIS-BROT

1 Brot | 100 Min. | Einfach

Zutaten

10 g Guarkernmehl
300 g Vollkornreismehl
20 ml Olivenöl
3 g Salz
300 ml Wasser (warm)
22 g Sonnenblumenkerne
5 g Hefe (trocken)
2 g Flohsamenschalen

Nährwerte p. P.

129 kcal
24 g Kohlenhydrate
3 g Fett
1 g Eiweiß

1 Einen kleinen Teil des Wassers mit der Trockenhefe glatt mischen. Anschießend beide Mehlsorten mit den Sonnenblumenkernen sowie den Flohsamenschalen vermengen.

2 Den Mehl-Mix dann mit dem Hefewasser verrühren. Danach schluckweise das übrige Wasser sowie das Olivenöl zugießen und aus dem Ganzen einen glatten Teig herstellen. Dieser muss jetzt eine halbe Stunde ruhen.

3 Danach ein Brot formen und dieses in den gewässerten Topf legen. Den Tontopf schließen. Jetzt muss das Ganze nur noch bei 190 Grad Celsius Ober-/Unterhitze für eine gute Stunde in den Backofen.

LEINSAMEN-OKARA-BROT

1 Brot

115 Min.

Einfach

Zutaten

450 g Weizenmehl
50 g Leinsamen
150 g Okara
1 Päckchen Hefe (trocken)
1 Teelöffel Essig
1 Esslöffel Sonnenblumenöl
1 Teelöffel Zucker
1 Teelöffel Salz
etwas Sojamilch

Nährwerte p. P.

214 kcal
36 g Kohlenhydrate
4 g Fett
8 g Eiweiß

1 Das Okara mit dem Weizenmehl, den Leinsamen, der Trockenhefe, dem Essig, dem Sonnenblumenöl, dem Salz, dem Zucker sowie etwas Sojamilch vermengen. Aus den ganzen Zutaten einen Teig herstellen. Nicht wundern, dass es sich hier eher um eine klebrige Masse handelt.

2 Den fertigen Teig anschließend zugedeckt in einen warmen Raum stellen. Hier muss das Ganze dann eine Stunde ruhen.

3 Im Anschluss den Brotteig dann in den Tontopf legen und diesen mit dem Deckel schließen. Danach muss das Ganze für 55 Minuten bei 180 Grad Celsius in den Backofen.

WEIZEN-LUPINEN-BROT

1 Brot | 110 Min. | Einfach

Zutaten

125 g Lupinenmehl
25 g Hefe (frisch)
1 Esslöffel Sonnenblumenöl
1 Teelöffel Zucker
2 Teelöffel Salz
375 g Weizenmehl
300 ml Wasser (warm)
Einen halben Teelöffel Koriander (gemahlen)
4 Esslöffel Salz

Nährwerte p. P.

189 kcal
29 g Kohlenhydrate
3 g Fett
9 g Eiweiß

1 In vier Esslöffel warmem Wasser die Hefe sowie den Zucker einrühren. Das Gemisch mit etwas Mehl bestreuen und erst einmal beiseitestellen.

2 Zwischenzeitlich das Weizenmehl mit dem Salz, dem Koriander sowie dem Lupinenmehl vermengen. Das Sonnenblumenöl mit einarbeiten und alles circa zehn Minuten durchkneten. In die Mitte der Masse dann eine Mulde drücken, hier die Hefemischung einfüllen und das Ganze mit der schluckweisen Zugabe des anderen Wassers erneut durchmischen, bis sich ein glatter Teig zeigt.

3 Den Teig in eine Schüssel legen, mit Folie abdecken und in einem warmen Raum aufgehen lassen, bis sich die Teigmenge verdoppelt. Danach alles erneut durchkneten, ein Brot formen und dieses in den vorgewässerten Topf geben.

4 Die Brotoberseite jetzt mit ein wenig Wasser bestreichen, kreuzförmig einritzen und den Deckel des Tontopfes schließen. Bei 225 Grad Celsius Ober-/Unterhitze muss das Ganze nun erst einmal zehn Minuten backen. Danach die Temperatur auf 200 Grad Celsius senken und das Brot weitere 20 Minuten im Ofen belassen.

MARONEN-BROT

1 Brot

135 Min.

Einfach

Zutaten

50 g Naturjoghurt
150 g Maronenmehl
350 g Weizenmehl
15 g Hefe (frisch)
7 g Salz
300 ml Milch (warm)

Nährwerte p. P.

192 kcal
37 g Kohlenhydrate
2 g Fett
6 g Eiweiß

1 Das Maronen- sowie das Weizenmehl in eine Schüssel sieben und das Salz darüber verteilen. Dann die frische Hefe in ein Glas bröckeln und die warme Milch zugießen. Den Mix glatt rühren und erst einmal zur Seite stellen.

2 Nach ein paar Minuten das Hefe-Milch-gemisch zum Mehl-Mix geben und alles einmal miteinander mischen. Danach den Naturjoghurt zugeben und aus dem Ganzen einen glatten Brotteig zaubern. Im Anschluss diesen zugedeckt eine Stunde an einem warmen Platz ruhen lassen.

3 Nachdem der Teig aufgegangen ist, diesen erneut kneten und dann einen Laib kreieren. Das Brot oben dann im Kreuz einritzen und in den bereits gewässerten Römer Tontopf geben. Diesen mit dem Deckel verschließen und für eine Stunde bei 200 Grad Celsius Ober-/Unterhitze in den Backofen stellen.

HANF-DINKEL-BROT

1 Brot | 135 Min. | Einfach

Zutaten

100 g Magerquark
200 g Vollkorn-Dinkelmehl
250 g Dinkelmehl
80 g Hanfsamen (geschält)
150 g Roggenmehl
60 g Hanfsamen (gemahlen)
30 g Hefe (frisch)
1 Esslöffel Salz
375 ml Wasser (warm)

Nährwerte p. P.

292 kcal
41 g Kohlenhydrate
11 g Fett
9 g Eiweiß

1 Die frische Hefe im warmen Wasser lösen. Dann das Dinkelvollkornmehl mit dem Roggenmehl, dem anderen Dinkelmehl, mit beiden Hanfsamensorten sowie dem Salz vermengen.

2 Den Mehl-Mix dann schluckweise mit dem Hefewasser verrühren. Anschließend den Magerquark zugeben. Das Ganze ordentlich durchkneten, abdecken und eine Dreiviertelstunde bei Zimmertemperatur ruhen lassen.

3 Nach der Ruhepause dem Teig eine erneute Massage zukommen lassen, ein Brot formen und dieses in den Römer Tontopf geben. Erneut eine 30-minütige Pause gönnen.

4 Im Anschluss das Brot oben einritzen, den Deckel wieder schließen und den Topf in den Ofen geben. Das Brot zuerst bei 250 Grad Celsius eine Viertelstunde backen, dann die Temperatur auf 190 Grad Celsius senken und erneut 35 Minuten garen.

BÄRLAUCH-BROT

1 Brot

120 Min.

Einfach

Zutaten

Eine Handvoll Bärlauch (frisch)
2 Päckchen Hefe (trocken)
1 Teelöffel Zucker
300 ml Milch (warm)
40 ml Olivenöl
2 Teelöffel Salz
500 g Weizenmehl

Nährwerte p. P.

115 kcal
19 g Kohlenhydrate
3 g Fett
3 g Eiweiß

1 Den frischen Bärlauch fein zerhacken. Danach die Trockenhefe mit dem Zucker mischen und den Mix mit ein bisschen warmer Milch glatt rühren. Während die Hefe sich jetzt löst, das Weizenmehl schon einmal in eine Schüssel geben und mit dem Salz bestreuen.

2 Über das Ganze jetzt noch das Olivenöl geben und mittig eine Kuhle in den Mehl-Mix drücken. Hier die Hefe-Milch-Lösung einfüllen und mit dem Bärlauch bestreuen. Während schluckweise die warme Milch zugegossen wird, das Gemisch gut durchkneten.

3 Ist ein glatter Teig entstanden, ein Brot daraus formen und dieses abgedeckt eine Stunde in einem warmen Zimmer gehen lassen.

4 Nach der kleinen Pause das Brot in den Tontopf geben, diesen schließen und bei 220 Grad Celsius Ober-/Unterhitze 30 bis 40 Minuten in den Backofen geben.

Nuss-Brote

WALNUSS-BROT

1 Brot 70 Min. Einfach

Zutaten

150 g Walnüsse (gehackt)
520 g Weizenmehl
1 Würfel Hefe (frisch)
3 Teelöffel Honig
20 g Salz
500 ml Wasser (warm)

Nährwerte p. P.

287 kcal
40 g Kohlenhydrate
10 g Fett
8 g Eiweiß

1 Das Weizenmehl in eine Schüssel füllen und mittig eine Mulde hineindrücken. Hier die Hefe hineinbröckeln. Dann die gehackten Walnüsse, den Honig sowie das warme Wasser zugeben und das Ganze zu einem Brotteig verarbeiten.

2 Danach den Teig abdecken und eine halbe Stunde beiseitestellen. Im Anschluss noch das Salz zugeben, alles noch einmal durchkneten und in den Tontopf legen. Den Deckel schließen und das Brot noch einmal eine halbe Stunde ruhen lassen.

3 Zu guter Letzt den Römer Tontopf in den Ofen schieben. Die ersten zehn Minuten wird das Brot dann bei 250 Grad Celsius gebacken. Anschließend drehen Sie die Temperatur auf 190 Grad Celsius herunter und garen Brot bei dieser Temperatur 45 bis 50 Minuten.

HELLES NUSS-BROT

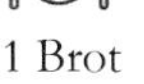

1 Brot | 100 Min. | Einfach

Zutaten

500 ml Buttermilch
1 kg Weizenmehl
1 Becher saure Sahne
200 g Walnüsse (gehackt)
1 Würfel Hefe (frisch)
50 ml Milch
1 Teelöffel Zucker
2 Teelöffel Salz

Nährwerte p. P.

183 kcal
5 g Kohlenhydrate
15 g Fett
6 g Eiweiß

1 Die frische Hefe mit Zucker in die lauwarme Buttermilch rühren. Das Ganze dann ein wenig stehen lassen. Während die Hefe sich auflöst, schon einmal das Weizenmehl mit Salz und den gehackten Walnüssen mischen.

2 Hier dann die Hefelösung mit der sauren Sahne zugießen und das Gemisch in einen Teig verwandeln. Nachdem alles gut durchgeknetet wurde, ein Brot formen und dieses in den gewässerten Tontopf geben.

3 Den Deckel auf den Topf geben und das Ganze eine halbe Stunde zum Gehen in den Ofen schieben. Lediglich 50 Grad Celsius sollte jetzt die Temperatur betragen. Danach den Backofen auf 200 Grad Celsius einstellen und das Nuss-Brot 60 bis 70 Minuten garen.

KAROTTEN-WALNUSS-BROT

1 Brot

45 Min.

Einfach

Zutaten

300 g Dinkelmehl
250 g Karotten
60 g Walnüsse
100 ml Wasser
1 Päckchen Backpulver
10 g Salz
1 Prise Zucker
60 ml Milch

Nährwerte p. P.

111 kcal
16 g Kohlenhydrate
3 g Fett
4 g Eiweiß

1 Die Walnüsse in grobe Stücke zerhacken. Dann die Karotten säubern, von ihrer Schale lösen und fein raspeln. Anschließend die Karottenraspeln mit den zerhackten Walnüssen, dem Dinkelmehl, dem Backpulver, dem Wasser, der Milch sowie mit Zucker und Salz mischen. Das Ganze in einen Brotteig verwandeln.

2 Danach ein Laib Brot kreieren und dieses in den gewässerten Tontopf legen. Diesen mit dem Deckel verschließen und bei 200 Grad Celsius ungefähr eine Dreiviertelstunde backen.

ZUCCHINI-HASELNUSS-BROT

1 Brot

75 Min.

Mittel

Zutaten

200 g Zucchini
250 g Weizenmehl
250 g Dinkelmehl
300 ml Wasser (warm)
100 g Haselnüsse (gemahlen)
1 Päckchen Backpulver
20 g Salz
1 Teelöffel Honig

Nährwerte p. P.

241 kcal
37 g Kohlenhydrate
7 g Fett
7 g Eiweiß

1 Die Zucchini säubern, die Schale lösen und den Rest über eine Küchenreibe verarbeiten. Diese anschließend mit dem Weizen- sowie dem Dinkelmehl, dem warmen Wasser, den gemahlenen Haselnüssen, dem Backpulver, dem Salz sowie mit Honig mischen.

2 Anschließend das Ganze noch einmal ordentlich durchkneten und dann in den römischen Tontopf legen. Auf diesen den Deckel geben und in den Backofen schieben.

3 Eine Stunde bei 200 Grad Celsius Ober-/Unterhitze muss das Zucchini-Haselnuss-Brot jetzt backen.

ROTE BETE-WALNUSS-BROT

1 Brot

150 Min.

Mittel

Zutaten

1 Würfel Hefe (frisch)
100 g Walnüsse
350 g Weizenvollkornmehl
250 g Rote Bete
350 g Weizenmehl
250 ml Wasser (warm)
2 Teelöffel Salz
3 Esslöffel Olivenöl
1 Prise Zucker
Etwas Thymian

Nährwerte p. P.

343 kcal
50 g Kohlenhydrate
11 g Fett
11 g Eiweiß

1 Die frische Hefe in 250 Milliliter warmem Wasser auflösen. Dann beide Mehlsorten einmal durch ein Sieb geben und mit dem Salz mischen. Anschließend die Hefe-Wasser-Mischung ins Mehl einrühren und das Ganze dann mindestens eine halbe Stunde stehen lassen.

2 In der Zwischenzeit die Rote Bete in Salzwasser garen, abkühlen lassen und anschließend von der Schale lösen. Den Rest in Würfel verwandeln und drei Viertel der Menge fein pürieren.

3 Im Anschluss die Rote Bete mit dem Hefe-Mehlgemisch vermengen. Jetzt das Ganze mit einem Tuch bedecken und eine weitere Stunde an einem warmen Ort ruhen lassen.

4 Währenddessen die Walnüsse zerhacken und den Thymian säubern. Beide Zutaten nach der Ruhezeit in den Teig einkneten. Scheint der Brotteig etwas trocken zu sein, fügen Sie ein bisschen Wasser zu.

5 Nach einer erneuten Pause von einer Viertelstunde den Teig zu einem Brot formen und in den gewässerten Tontopf füllen. Bei 200 Grad Celsius darf der geschlossene Topf jetzt eine Dreiviertelstunde im Ofen bleiben.

HASELNUSS-ZOPFBROT

1 Brot

80 Min.

Einfach

Zutaten

30 g Hefe (frisch)
500 g Weizenmehl
30 g Butter
150 g Haselnüsse (gemahlen)
330 ml Milch (warm)
100 g Zucker
1 Prise Salz

Nährwerte p. P.

352 kcal
48 g Kohlenhydrate
13 g Fett
9 g Eiweiß

1 Die frische Hefe mit 290 Milliliter Milch verrühren. Danach 60 g des Zuckers sowie das Weizenmehl und die Prise Salz dazugeben und alles in einen Teig verwandeln. Anschließend muss das Ganze an einem warmen Ort eine halbe Stunde ruhen, damit der Teig aufgehen kann.

2 Für die Nussfüllung jetzt den übrigen Zucker mit der weichen Butter, den gemahlenen Haselnüssen sowie der übriggebliebenen Milch mischen.

3 Danach den Hefeteig in rechteckiger Form ausrollen, mit der Haselnussfüllung bestreichen und der Länge nach aufrollen. Das Ganze dann so zurechtschneiden, dass aus dem Teig ein Zopf geflochten werden kann.

4 Nun muss der Haselnuss-Zopf noch mit Milch bepinselt werden. Dann in den Römer Tontopf legen, den Deckel auf diesen geben und den Topf im Backofen bei 180 Grad Celsius zwischen 25 und 30 Minuten backen.

NUSSIGES FRÜCHTE-BROT

1 Brot

60 Min.

Einfach

Zutaten

200 g Haselnüsse
400 g Feigen (getrocknet)
125 g Butter
150 g Haselnüsse
200 g Aprikosen (getrocknet)
5 Eier
200 g Backobst
200 g Weizenvollkornmehl
1 Esslöffel Zimt

Nährwerte p. P.

524 kcal
39 g Kohlenhydrate
35 g Fett
11 g Eiweiß

1 Sämtliche Früchte in kleine Würfel zerteilen. Dann die Hasel- sowie die Walnüsse klein zerhacken. Die Eier trennen und das Eiweiß gleich in eine steife Masse verwandeln.

2 Jetzt die weiche Butter schaumig verrühren und die Dotter zugeben. Anschließend das Weizenvollkornmehl dazugeben und dann das Zimt. Auch die gewürfelten Trockenfrüchte sowie die Nüsse folgen jetzt. Gleiches gilt für das Backobst.

3 Zu guter Letzt noch die steif geschlagene Eiweißmasse vorsichtig unterrühren. Aus dem Ganzen jetzt einen Laib formen und diesen in den Römer Tontopf geben. Den Deckel auf den Topf legen und diesen nun bei 200 Grad Celsius Ober-/Unterhitze eine Stunde backen.

Süße Brote

SÜSSES HEFE-BROT

1 Brot

160 Min.

Einfach

Zutaten

Einen halben Würfel Hefe (frisch)
60 g Zucker
380 g Weizenmehl
1 Ei
250 ml Milch
1 Prise Salz
100 g Butter

Nährwerte p. P.

251 kcal
34 g Kohlenhydrate
10 g Fett
5 g Eiweiß

1 Das Weizenmehl in eine Schüssel füllen, mittig eine Kuhle in das Mehl drücken und hier die Hefe mit einer Prise Zucker hineinbröckeln. Danach drei Esslöffel von der Milch zugeben und alles ordentlich mischen. Im Anschluss den Teig eine Viertelstunde ruhen lassen.

2 Nachdem der Teig gegangen ist, hier die übrige Milch, das Ei, das Salz sowie den restlichen Zucker zumischen. Zu guter Letzt noch die Butter zugeben und alles ordentlich verkneten. Jetzt muss der Teig erneut zugedeckt ruhen. Eine Stunde darf es hier schon sein.

3 Im Anschluss das Ganze noch einmal durchkneten. Entweder aus dem Teig ein Laib Brot formen oder aus diesem einen Hefezopf zaubern. Danach das Ganze wieder eine Dreiviertelstunde gehen lassen.

4 Im Anschluss das süße Brot in den römischen Topf legen und das Ganze bei 200 Grad Celsius ungefähr 30 Minuten backen.

SÜSSER DINKEL-HEFEZOPF

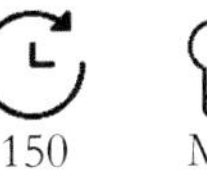

1 Brot | 150 Min. | Mittel

Zutaten

100 ml Sahne
100 g Quark
500 g Dinkelmehl
Einen halben Würfel Hefe (frisch)
170 ml Milch
1 Eigelb
65 g Rohrzucker
1 Prise Salz

Nährwerte p. P.

253 kcal
42 g Kohlenhydrate
6 g Fett
7 g Eiweiß

1 Die frische Hefe in dem Wasser auflösen. Dann das Dinkelmehl in eine Schüssel füllen, mittig ins Mehl eine Kuhle graben und hier die Hefelösung hineingießen. Das Ganze ein wenig mischen, dann alle restlichen Zutaten zugeben und aus dem Ganzen einen geschmeidigen Teig zaubern.

2 Danach den Teig zudecken und für eine Stunde an einen warmen Ort stellen. Nachdem der Teig aufgegangen ist, kneten Sie ihn noch einmal per Hand durch. Danach drei lange Würste aus dem Teig gestalten und daraus einen Zopf flechten.

3 Der Hefezopf muss jetzt nur noch in den Römer Tontopf gelegt, mit dem Deckel verschlossen werden und dann eine halbe Stunde bei 180 Grad Celsius in den Ofen.

APFEL-MANDEL-BROT

1 Brot

150 Min.

Mittel

Zutaten

100 g Mandeln (gemahlen)
450 g Weizenmehl
3 Eier
200 ml Milch (warm)
4 Esslöffel Honig
30 g Zucker
15 g Hefe (frisch)
60 g Butter (weich)
200 g Äpfel
1 Prise Salz

Nährwerte p. P.

341 kcal
45 g Kohlenhydrate
13 g Fett
9 g Eiweiß

1 Die frische Hefe in 50 ml warmer Milch auflösen. Dann das Weizenmehl in eine Schüssel schütten, mittig eine Mulde eindrücken und hier den Hefe-Milch-Mix hineingeben. Etwas Mehl über die Hefelösung streuen und das Ganze bei Zimmertemperatur eine halbe Stunde stehen lassen.

2 Währenddessen die restliche Milch mit zwei Eiern, dem Salz, dem Zucker sowie der weichen Butter mischen und das Ganze in einen Teig verwandeln. Die Masse jetzt mit der Hefelösung verkneten, abdecken und eine Stunde beiseitestellen.

3 Zwischenzeitlich die Äpfel von den Kernen sowie von der Schale lösen und den Rest in kleine Würfel teilen. Die Apfelwürfel anschließend mit dem letzten Ei, dem Honig sowie den gemahlenen Mandeln verrühren.

4 Dann den Teig dritteln und jedes Stück in ein 30 x 30 cm großes Viereck verwandeln. Danach den Apfel-Mandel-Mix hier aufstreichen, das Ganze aufrollen und erneut eine halbe Stunde ruhen lassen.

5 Zuletzt aus dem Teig einen Zopf flechten und diesen in den Tontopf legen. Jetzt muss das süße Brot bei 220 Grad Celsius Ober-/Unterhitze 35 Minuten backen.

NOUGAT-ZOPFBROT

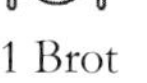

1 Brot 120 Min. Mittel

Zutaten

50 g Butter
200 g Haselnüsse (gehackt)
500 g Weizenmehl
75 g Zucker
1 Esslöffel Sahne
2 Eigelb
1 Ei
1 Teelöffel Salz
15 g Hefe (frisch)
200 g Nougat
250 ml Milch (warm)

Nährwerte p. P.

370 kcal
45 g Kohlenhydrate
16 g Fett
11 g Eiweiß

1 Die Hefe in die warme Milch bröckeln, damit diese sich darin auflöst. Danach das Salz mit den zwei Eigelb, dem Ei sowie dem Zucker mischen und zum Hefe-Mix geben. Die Butter portionsweise zufügen und alles durchkneten. Das Ganze dann zugedeckt an einem warmen Platz eine Stunde ruhen lassen.

2 Währenddessen die gehackten Haselnüsse rösten. Dann das Nougat mit der Sahne und ein bisschen Butter in einem Topf heiß werden lassen. Im Anschluss das Ganze abkühlen lassen und dann die gerösteten Haselnüsse unterrühren.

3 Jetzt den Hefeteig viereckig ausrollen, den Nougat-Haselnuss-Mix auf diesen verteilen und das Ganze wieder aufrollen. Dann den Teig in drei gleich große Stränge zerteilen und aus diesen einen Zopf gestalten.

4 Den Nougat-Zopf mit ein bisschen Milch bepinseln und in den Römer Tontopf legen. Im Backofen muss der geschlossene Topf nun bei 200 Grad Celsius eine halbe Stunde bleiben.

SCHOKOLADEN-ZOPFBROT

1 Brot

150 Min.

Mittel

Zutaten

250 g Schokolade (Zartbitter)
250 ml Milch
110 g Butter (weich)
500 g Weizenmehl
130 g Zucker
1 Eigelb
1 Prise Salz
15 g Hefe (frisch)

Nährwerte p. P.

463 kcal
63 g Kohlenhydrate
19 g Fett
8 g Eiweiß

1 Die frische Hefe zerbröckeln und in ein wenig warmer Milch auflösen. Danach das Weizenmehl in eine Schüssel füllen und mittig eine Kuhle ins Mehl drücken. Hier die Hefemilch hineingießen und zwei Esslöffel Zucker hineinstreuen. Ein bisschen Mehl vom Rand über das Ganze geben. Den Mehl-Hefe-Mix jetzt eine halbe Stunde an einen warmen Ort stellen.

2 Währenddessen 60 g der weichen Butter mit dem Eigelb und dem Salz mischen. Diese Masse dann zum ersten Mix geben und alles gut durchkneten. Anschließend muss der Teig erneut eine Stunde gehen.

3 Die übrige Butter mit der Zartbitterschokolade schmelzen. Danach den gegangenen Hefeteig noch einmal durchkneten und diesen in zwei Teile trennen. Diese jetzt in Rechtecke ausrollen, mit der Schokolade versehen und längs wieder aufrollen. Daraus einen Zopf flechten und diesen in den vorgewässerten Topf legen.

4 Im Ofen muss das Schokoladen-Brot jetzt bei 200 Grad Celsius Ober-/Unterhitze im geschlossen Tontopf 30 bis 35 Minuten backen.

ROSINEN-BROT

1 Brot | 120 Min. | Einfach

Zutaten

150 g Rosinen
500 g Weizenmehl
60 g Butter (weich)
30 g Hefe (frisch)
200 ml Milch (warm)
2 Eier
50 g Zucker
1 Päckchen Vanillezucker

Nährwerte p. P.

297 kcal
51 g Kohlenhydrate
7 g Fett
7 g Eiweiß

1 Die frische Hefe in ein wenig warmer Milch lösen. Danach das Weizenmehl in eine Schüssel füllen, eine kleine Mulde mittig ins Mehl drücken und hier die Hefemilch hineingeben. Dann den Zucker, den Vanillezucker, die Eier sowie das Salz zufügen und das Gemisch zu einem Teig verarbeiten. Jetzt noch die Butter und die Rosinen unterkneten. Der Rosinenteig muss nun gute 30 Minuten ruhen.

2 Nachdem der Teig aufgegangen ist, das Ganze erneut ordentlich durchmassieren, in ein Brot verwandeln und in den zuvor gewässerten Topf legen. Diesen mit dem Deckel verschließen und das Brot noch einmal eine halbe Stunde ruhen lassen.

3 Anschließend die Oberfläche noch kurz mit ein bisschen Milch bestreichen, den Deckel wieder schließen und das Rosinenbrot bei 200 Grad Celsius Ober-/Unterhitze 40 bis 45 Minuten backen.

MANDEL-CRANBERRY-BROT

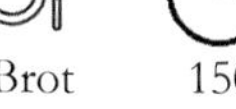

1 Brot | 150 Min. | Mittel

Zutaten

70 g Mandeln (Stifte)
150 g Cranberrys
2 Eier
500 g Weizenmehl
50 g Zucker
15 g Hefe (frisch)
250 ml Milch (warm)
1 Prise Salz
50 g Butter

Nährwerte p. P.

346 kcal
53 g Kohlenhydrate
10 g Fett
9 g Eiweiß

1 In ein wenig warmer Milch die Hefe hineinbröckeln, damit diese sich auflösen kann. Im Anschluss das Weizenmehl in eine Schüssel füllen, mittig eine Kuhle ins Mehl drücken und in diese die Hefemilch gießen. Alles leicht verrühren.

2 Danach die Eier, die weiche Butter, den Zucker sowie das Salz zugeben und alles mit dem Mixer vermischen. Anschließend sowohl die Cranberrys als auch die Mandelstifte zugeben und den Teig erneut kneten. Die Schüssel jetzt mit einem Tuch abdecken und für eine Stunde in ein warmes Zimmer stellen.

3 Nach der Stunde den Teig erneut per Hand kneten und aus dem Ganzen ein Brot formen. Danach dieses in den römischen Topf legen, mit dem Deckel versehen und im Backofen bei 200 Grad Celsius 40 Minuten backen.

KOKOSNUSS-ZOPFBROT

1 Brot | 140 Min. | Mittel

Zutaten

450 ml Kokosnussmilch
2 Eier
100 g Zucker
500 g Weizenmehl
1 Päckchen Hefe (trocken)
1 Prise Salz
1 Päckchen Puddingcreme (backfest)
2 Esslöffel Kokosnussraspeln

Nährwerte p. P.

541 kcal
66 g Kohlenhydrate
26 g Fett
9 g Eiweiß

1 Das Weizenmehl mit der trockenen Hefe vermengen. Dann 250 Milliliter von der Kokosnussmilch erwärmen. Im Anschluss die Kokosnussmilch mit den Eiern, der Butter, dem Zucker sowie dem Salz zum Hefe-Mehl-Mix geben und alles gut miteinander mischen. Das Ganze dann für eine Stunde zugedeckt in ein warmes Zimmer stellen.

2 Nachdem der Hefeteig aufgegangen ist, diesen erneut per Hand einmal durchkneten und im Anschluss in ein flaches Rechteck verwandeln.

3 Dann die Puddingcreme nach Packungsanweisung mit der übrigen Kokosnussmilch zubereiten und mit den Kokosnussraspeln verfeinern. Diese Masse dann auf den Teig geben und das Ganze aufrollen. Den langen Strang nun mittig teilen und ineinander verflechten

4 Jetzt darf der Kokosnuss-Zopf noch einmal zehn Minuten ruhen, bevor er dann bei 180 Grad Celsius Ober-/Unterhitze im Römer Tontopf 30 Minuten backen darf.

SÜSSES HIMBEEREN-BROT

1 Brot

150 Min.

Einfach

Zutaten

60 g Zucker
1 Ei
1 Teelöffel Salz
3 Esslöffel Himbeermarmelade
250 ml Buttermilch
15 g Hefe (frisch)
500 g Weizenmehl

Nährwerte p. P.

220 kcal
45 g Kohlenhydrate
1 g Fett
7 g Eiweiß

1 Die Buttermilch erwärmen und hier die Hefe auflösen. Dann das Weizenmehl in eine Schüssel füllen, eine Kuhle ins Mehl drücken und hier den Hefe-Buttermilch-Mix einfüllen. Das Ganze leicht vermengen.

2 Anschließend alle anderen Zutaten, abgesehen von der Konfitüre, zum Mehl-Hefe-Gemisch geben und daraus einen glatten Hefeteig zaubern. Zugedeckt das Ganze nun für eine Stunde in einen warmen Raum stellen.

3 Danach den Teig einmal per Hand gut durchkneten und das Ganze rechteckig ausrollen. Darauf dann die Himbeermarmelade streichen und den Teig wieder aufrollen. Das Brot erneut eine halbe Stunde ruhen lassen.

4 Zu guter Letzt das Himbeeren-Brot in den Topf legen, den Deckel schließen und das Brot dann bei 200 Grad Celsius Ober-/Unterhitze im Ofen backen. Nach ungefähr 40 Minuten ist dieses süße Brot fertig.

BUTTER-ZIMT-BROT

1 Brot

110 Min.

Einfach

Zutaten

300 ml Buttermilch
500 g Weizenmehl
1 Päckchen Backpulver
2 Esslöffel Honig
2 Butter
1 Teelöffel Zimt
1 Teelöffel Salz

Nährwerte p. P.

208 kcal
40 g Kohlenhydrate
2 g Fett
6 g Eiweiß

1 Die Hefe mit einem kleinen Teil der Buttermilch sowie etwas von dem Honig mischen. Das Ganze anschließend ein paar Minuten ruhen lassen.

2 Währenddessen das Weizenmehl durch ein Sieb in eine Schüssel füllen, in die Mitte eine Delle drücken und hier den Hefe-Mix einfüllen. Das Salz sowie den Zimt darüber streuen.

3 Jetzt das Ganze mit Zutun der Buttermilch in einen Teig verwandeln. Diesen dann eine Dreiviertelstunde an einen warmen Ort stellen.

4 Zu guter Letzt aus dem Hefeteig ein Brot kreieren und dieses in den gewässerten Tontopf legen. Nach dem Verschließen des Topfes diesen bei 200 Grad Celsius gute 50 Minuten backen.

RHABARBER-VANILLE-ZOPFBROT

1 Brot

215 Min.

Mittel

Zutaten

21 g Hefe (frisch)
500 g Weizenmehl
Etwas Zitronenaroma
75 g Zucker
60 Butter (weich)
1 Teelöffel Salz
125 ml Milch (warm)
100 ml Wasser (warm)
1 Ei
500 g Rhabarber
150 g Zucker
250 g Quark
3 Päckchen Vanillezucker
Etwas Vanillearoma
Etwas Zimt

Nährwerte p. P.

365 kcal
63 g Kohlenhydrate
8 g Fett
10 g Eiweiß

1 Zuerst das warme Wasser mit dem Teelöffel Salz sowie der frischen Hefe mischen. In der Zeit, in der sich die Hefe auflöst, das Weizenmehl mit der weichen Butter und dem Zitronenaroma mischen.

2 Anschließend den Hefe-Mix, das Ei, die 75 Gramm Zucker sowie die warme Milch dazugeben und daraus einen Teig zaubern. Die Schüssel dann abdecken und den Hefeteig 90 Minuten in einem warmen Zimmer ruhen lassen.

3 In der Zwischenzeit den Rhabarber säubern, in kleine Stücke teilen und mit den 150 Gramm Zucker vermengen. Auch dieses Gemisch dann 30 bis 45 Minuten durchziehen lassen.

4 Nachdem der Hefeteig aufgegangen ist, kneten Sie diesen erneut ausgiebig durch und rollen das Ganze dann in ein Rechteck aus. Dann den Quark mit dem Vanillearoma, dem Vanillezucker sowie dem Zimt mischen. Den Rhabarber abgießen und zum Quark-Mix geben.

5 Diese Masse anschließend auf den Hefeteig streichen und das Ganze längs aufrollen. Dann aus dem gefüllten Teig einen Zopf flechten.

6 Diesen in den Römer Tontopf legen, mit dem Deckel verschließen und bei 180 Grad Celsius Ober-/Unterhitze 30 bis 35 Minuten backen.

APFELMUS-ZOPFBROT

1 Brot | 200 Min. | Einfach

Zutaten

250 ml Milch (warm)
21 g Hefe (frisch)
100 g Apfelmus
5 g Salz
500 g Weizenmehl

Nährwerte p. P.

196 kcal
39 g Kohlenhydrate
1 g Fett
6 g Eiweiß

1 Die warme Milch samt der frischen Hefe, dem Apfelmus, dem Salz sowie dem Weizenmehl mischen. Alles ausgiebig durchkneten, bis ein geschmeidiger Teig hergestellt ist. Diesen dann abdecken und bei Zimmertemperatur ein bis zwei Stunden aufgehen lassen.

2 Danach den Hefeteig erneut aufschlagen und anschließend einen Hefezopf daraus kreieren. Diesen in den Tontopf legen, mit dem Deckel schließen und erneut eine halbe Stunde ruhen lassen.

3 Anschließend den Römer Tontopf in den Backofen schieben. Bei 180 Grad Celsius Ober-/Unterhitze muss der Hefezopf jetzt zwischen 30 und 35 Minuten backen.

JOGHURT-ZOPF MIT HELLER SCHOKI

1 Brot

145 Min.

Mittel

Zutaten

100 g weiße Schokolade (gehackt)
200 g Naturjoghurt
60 g Butter
5 g Salz
1 Päckchen Hefe (trocken)
1 Eigelb
65 g Zucker
1 Päckchen Vanillezucker
100 ml Milch (warm)
500 g Weizenmehl
25 g Haferflocken (fein)

Nährwerte p. P.

337 kcal
51 g Kohlenhydrate
11 g Fett
8 g Eiweiß

1 Zuerst die warme Milch mit der Trockenhefe und dem Salz verrühren. Das Gemisch dann eine halbe Stunde ruhen lassen.

2 In der Zwischenzeit das Weizenmehl mit den feinen Haferflocken und der weichen Butter vermengen. Danach den Hefe-Mix, das Eigelb, den Naturjoghurt, den Vanillezucker sowie den Zucker zugeben und einen Teig herstellen. Das Ganze gute zehn Minuten kneten und erst am Ende die gehackte weiße Schokolade unterheben.

3 Den Hefe-Schoko-Teig jetzt mit einem Tuch bedecken und für ein bis zwei Stunden in einem warmen Raum gehen lassen. Danach den Teig noch einmal kneten und dann daraus einen Zopf gestalten.

4 Diesen in den vorab gewässerten Tontopf geben, Deckel schließen und 30 bis 35 Minuten bei 180 Grad Celsius Ober-/Unterhitze backen.